모자의 나라
조선

그 많던 조선의 모자는
왜 그렇게 빨리 사라졌을까?

이승우 지음

모자의 나라
조선

그 많던 조선의 모자는
왜 그렇게 빨리 사라졌을까?

이승우 지음

차례

도움말

1. 이 책에서는 조선과 한국이라는 국호를 병용했다. 시간을 넘어 전체를 말하거나 포괄하는 의미일 때에는 한국으로, 조선이라는 시대를 구분할 필요가 있을 때는 조선으로 표기했다. 한국인, 조선인이라는 호칭도 위와 같다.

2. 외국 인명의 표기는 현지에서 통용되는 명칭을 사용했다. 외국 인명을 처음 표기할 때에는 알파벳과 생몰 연도를 함께 썼으나 이후부터는 한글로 표기했다.

3. 외래어의 우리말 표기는 「국립국어원」의 〈외래어 표기법〉에 따랐으며, 띄어쓰기 등 한글 맞춤법은 「국립국어원」의〈어문 규범〉에 따랐다.

4. 한 문장에서 고유명사나 보통명사를 중복하지 않고자 같은 의미의 다른 명사로 대체했다. 그러나 꼭 중복해야 할 필요가 있을 때는 예외이다.
   예) 모자=쓰개=관모, 갓=흑립, 한민족=한반도인=한국인=조선인

5. 신문 기사나 문헌 기록을 인용할 때에는 표기된 대로 했으나 필요할 때엔 현대어로 고쳐 기록했다.

6. 본문 중의 각주에서 글쓴이의 의견을 말할 때는 【저자주】로 표시했다.

7. 이 책에서 다루는 주제의 성격상, 그 뜻을 보다 명확하게 하고자 한자어를 많이 표기한 것에 독자의 이해를 구한다.

8. 사진과 그림은 최대한 출처를 밝히고 저작권자의 허락을 받았으나, 일부 저작권자를 찾지 못한 경우에는 확인되는 대로 규정에 따른 허가를 받아 다음 인쇄에 반영하겠다.

프롤로그

보통명사, 모자

집필에 들어가기 전 모자 帽子라는 보통명사가 과연 우리 말인가? 아니면 근대에 일본에서 건너온 말인가? 에 꽤 의구심이 들었다. 왜냐면 이 책을 쓰는 내내 「모자」라는 단어를 사용해야 하는데, 그때마다 일본에서 건너온 명사라면 글을 쓰는 이의 부담이 적지 않기 때문이다.

일본에서는 모자 帽子를 ぼうし라고 읽는다. 모자 모 帽에 아들 자 子를 쓰기에 필경 일본에서 만들어진 명사일 것이라는 느낌을 지울 수가 없었다. 물론 이런 글쓴이의 옹졸함을 나무라시는 분도 계실 터이다. 그러나 다행히도 이런 걱정은 글쓴이의 천학비재 淺學菲才에서 비롯된 것임이 밝혀졌다.

조선왕조실록을 찾아보니 모자를 말하는 모 帽라는 한자는 태조 때부터 보이고 모자 帽子라는 보통명사는 태종실록에서부터 나오기 시작했다. 아래 기사를 보면 이 사실이 더욱 확실해진다. 이로써 글쓴이는 「모자」라는 단어를 사용하는 것에 부담감을 말끔히 털어냈다.

여기에서 한 가지 질문을 해보자. 우리에게 익숙한 「모자」라는 한자어보다 조선 시대에 널리 쓰였던 우리말인 「쓰개」라는 명사가 머리에 쓰는 물건을 훨씬 정확하게 상징한다고 생각하지 않는가? 이 책이 끝날 즈음에 독자들은 아마 그렇게 생각하리라 믿는다.

태종실록 3권, 태종 2년(서기 1402년) 6월 6일 기사

일본국 대상[1](大相=정이대장군)에게 토산물을 내려 주었다. (중략) 은준(銀樽) 1개, 도금은규화배(鍍金銀葵花杯) 1개, 은탕관(銀湯罐) 1개, 흑사피화(黑斜皮靴) 1개, **죽모자**(竹帽子) 10개, 호피(虎皮)·표피(豹皮) 각각 3장 (후략)

태종실록 11권, 태종 6년(서기 1406년) 2월 20일 기사

검교 공조 참의(檢校工曹參議) 윤명(尹銘)을 보내어 일본에 가서 보빙(報聘)하게 하였다. 국왕[2]에게 은병(銀瓶) 1개, 은관자(銀灌子) 1개, 은종(銀鍾) 1개, **초모자**(草帽子) 1개, 사피화(斜皮靴) 1개, 호피(虎皮)·표피(豹皮) 각각 10령(領)을 보냈다. (후략)

　두 기사에서 임금이 죽모자 竹帽子와 초모자 草帽子를 일본 국왕에게 주었다는 내용을 알 수 있다. 조선 초기나 말기를 막론하고 모자는 왕의 외교용 물목에 올라있는 것으로 보아 당시 모자의 가치를 짐작할 만하다. 14세기 말 또는 15세기 초에 일본에 이미 조선과 같은 높은 수준의 모자문화가 형성되었는지는 아직 밝혀지지 않았다. 하지만 일본이 이미 조선처럼 수많은 종류의 모자를 생산하여 널리 사용하고 있었다면 구태여 조선의 왕이 일본 국왕에게 선물로 보낼 이유가 없잖은가?

---

1) 무로마치 막부의 쇼군 아시카가 요시모치 足利義持(재위 1394~1422).
2) 조선왕조실록에는 국왕으로 기록되었으나, 일본의 무로마치 막부의 쇼군이었던 정이대장군 아시카가 요시모치를 가리키는 것으로 추정함

그뿐만 아니라 근대에 들어 일본이 조선의 모자문화를 부러워했다는 기록이 있는 것으로 보아 14~15세기의 일본에는 아직 모자가 널리 사용되지 않았음이 분명하다. 따라서 「모자」라는 단어도 조선에서 일본으로 건너가 정착했다는 추론이 더욱 자연스럽다.

왜 이 책을 쓰는가?

조선의 역사와 문화에 조금씩 다가가자 조선의 모자를 만나게 되었다. 시간이 지나면서 조선의 모자를 좀 더 알고 싶다는 욕구가 커졌고 마침내 조선 모자의 역사 속으로 들어가야겠다는 결심이 섰다. 글쓴이의 경험에 비추어, 목적의식을 가지고 하나의 주제를 체계를 갖춰 일관되게 연구하는 유일한 방법은 그것에 관해 책을 쓰는 것이다. 쉽지 않은 방법이지만 말이다.

우리가 역사에 다가가고자 할 때는 인생뿐만 아니라 역사 역시 복잡하다는 사실을 먼저 깨달아야 한다. 인생이나 역사, 두 가지 모두 단순성과 일관성을 추구하는 사람들에게는 이해하기가 그리 쉽지 않다.

조선의 모자를 생각하면 이상하게도 가슴이 애틋해진다. 아마도 엄혹한 계급 사회에서 태어났던 조선 모자의 태생적 우울함 때문이 아닐까? 조선의 모자 이야기를 독자들과 공유하고 싶다는 생각을 한 것은 벌써 10여 년 전쯤 일이다. 하지만 조선 모자의 종류가 많아 한 권의 책으로는 모두 담을 수 없었기에 집필에 엄두를 내지 못했다.

그런데도 이 꿈을 버리지 않았다. 다른 일에 분주하다가도 조선의 모자가 떠올랐다. 조선의 모자는 언제나 단아한 모습으로 내 가슴에 있었다.

조선의 모자를 모두 불러내어 얘기하자면 백과사전 한 권으로도 부족하다. 이 책은 백과사전이 아니며 이 책이 지향하는 바도 아니다. 그런 이유로 이 책에서는 이 땅에 살았던 선조들이 사랑했던 모자를 골라 그들의 숨결과 발자취를 따라가려 한다. 선조들이라 하니 아주 까마득한 옛일로 여길지 모르나, 가까울 때는 겨우 100여 년 이쪽저쪽의 일이다.

이와 함께 더 알고자 하는 것은, 이 땅의 사람들은 왜 이렇게 많은 종류의 모자를 만들어 냈을까? 수백 년의 시간을 견디며 이 땅에 정착했던 모자들이 왜 그토록 빨리 사라졌을까? 왜 우리 선조들은 모자를 사랑했을까? 선조들의 모자 사랑과 현재의 우리와는 아무런 관련이 없는가? 라는 의문점이다. 이런 의문과 함께 그렇다면 서양인들은 모자 왕국 조선과 조선인을 어떻게 보았을까? 하는 점도 무척 궁금했다.

이 책을 읽기에는 약간의 인내심이 필요할지도 모르겠다. 하지만 이 책을 선택한 독자들은 이미 독서에 단련이 되어 있을 뿐만 아니라 우리 역사와 문화에 많은 관심을 가졌으리라 믿는다. 그렇지 않고서야 갓과 조선의 모자, 조선의 선비 운운하는 고리타분한 책을 일부러 찾을 이유가 없을 터이다.

조선의 모자를 이야기하면서 때로는 조선사와 근, 현대사를 오가게 된다. 독자 가운데 어떤 이는 조선의 모자에 웬 역사? 하고 의아하게 여길 분도 있겠지만 우리 역사에서 조선의 모자를 따로 떼어 얘기하기란 불가능한 일이다. 둘은 한 바구니에 담겨 있기 때문이다.

연민의 기록
부족한 자료로 고생도 많이 했다. 자료를 찾는 과정에서 불쑥불쑥 튀어나온 한

두 쪽의 자료들을 묶고 또 솎아내는 작업이 그리 쉬운 일은 아니었지만, 행복한 나날이었다. 글쓴이는 이제 조선의 모자에 작은 돌멩이 하나를 놓았다. 혹시라도 이에 자극을 받은 후학들이 "와!"하고 몰려와 기둥을 세우고 서까래를 올려 고래 등 같은 한옥을 한 채 지어주기를 기다리겠다.

후학들의 노력으로 조선의 모자문화를 오늘에 되살릴 수만 있다면 문화민족으로서의 긍지를 더욱 높이는 계기가 될 것이며 또 그런 시도는 해볼 만한 가치가 있다. '복식에는 유행을 반복하는 특성이 있다.'라는 복식 연구자들의 주장이 옳다면, 조선의 모자가 가까운 미래에 우리 곁으로 다시 돌아오리라는 희망이 조롱받을만한 일은 아니다.

글쓴이는 복식 전문가가 아니다. 따라서 처음부터 복식 전문서적을 집필할 생각도 없었으며 이 책은 복식 전문서적도 아니다. 다만 조선의 모자를 따라가면서 마주쳤던 우리 역사의 민낯과 그 시대를 살았던 선조들의 삶을 알고 싶었다.

아무쪼록 독자들이 흠 많은 이 책을 조선의 모자를 향한 연민의 기록으로 보아주었으면 한다. 이것이 글을 쓰는 이의 바람이다.

이 책이 나오기까지 격려해주신 분들에게 감사드린다. 특히 벗 유강의 격려와 조언이 큰 힘이 되었으며 나의 변함없는 원군인 내자에게 고맙다. 무형문화재 4호 갓 입자장 정춘모 선생께도 신세를 졌다. 시장성을 가늠하기에 어려운 책의 출판을 결정하신 주류성 周留城 출판사의 대표님께도 감사드리며 책의 모양을 잘 갖추어 주신 이 준 이사님과 편집부 직원들에게 머리 숙여 감사한 마음을 전한다.

2022 가을
불곡산 우거에서
글쓴이

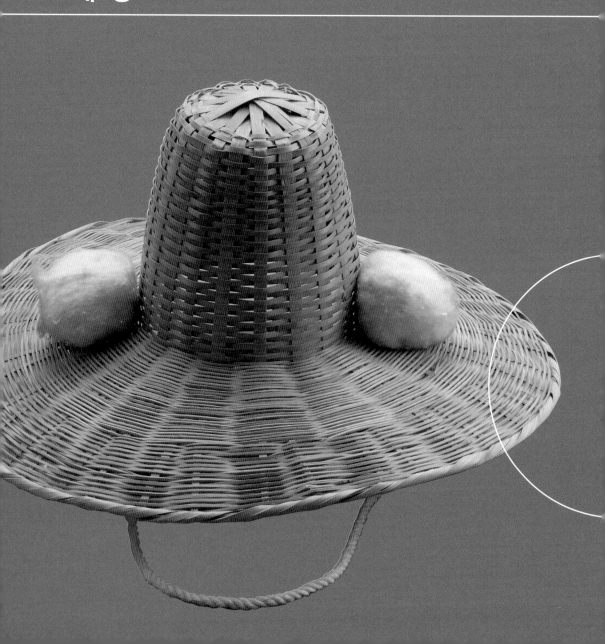

제1장

모자 왕국의
추억

모자 왕국에서 온
초대장

　　　　　　　　　비행기는 어느덧 베링해의 알류샨 열도 위를 날고 있었다. 베링해는 온통 반짝이는 은빛 비늘로 덮여 물결이 흔들릴 때마다 잔잔하게 햇빛을 반사하고 있었다. 베링해의 남쪽 바다에는 알류샨의 섬들이 누군가 일부러 열을 지은 듯 점점이 떠 있었다. 5월인데도 베링해에는 많은 유빙이 떠돌고 있었다.

　　알래스카 만에서 서북쪽으로 흐르는 해류가 알래스카 난류이다. 이 난류는 일본 열도와 캄차카반도를 거쳐 올라오는 쿠로시오 난류와 만난다. 한편 북극에서 나온 쿠릴(오야시오 해류) 한류가 북태평양 해류와 함께 베링해로 들어와 쿠로시오 난류와 만난다. 난류와 한류가 만나는 베링해에는 어족이 풍부하여 해마다 이맘때면 많은 어선이 몰려들었다. 초록색 바다에 점점이 흩어져 조업하고 있는 어선들이 눈에 들어왔다. 칙칙한 암청색의 큰 파도가 넘실거리던 겨울의 베링해와는 전혀 다른 풍경이었다.

　　그뿐만 아니라 대륙 건너편 북대서양의 「프린스 에드워드 아일랜드」와 「뉴펀들랜드」섬 앞의 섬뜩하리만큼 검푸른 대서양의 빛과는 전혀 다른 밝은 파란색이었다. 아무래도 태평양이 대서양보다는 플랑크톤이 서식하기에 알맞은 수온이기 때문일 터이다. 생명의 바다, 5월의 베링해는 풍족하고 고요했다.

　　30,000피트 상공에서 내려다보는 5월의 한반도는 마치 부드러운 초록 벨벳을 깔아놓은 듯하다. 여러 겹으로 접히고 굴곡진 벨벳은 산맥의 능선과 계곡의 명암을 분명하게 드러내고 있다. 군데군데 도시와 작은 마을이 보인다. 아늑한 한국의 봄이 한반도를 감싸고 있다. 한반도의 사계 가운데 여름, 가을, 겨울은 미국의 북

동부 버몬트주나 메인주와 거의 같지만 봄만큼은 확연하게 다르다. 한반도의 봄은 북미나 오스트레일리아의 봄 같지 않은 진정한 봄의 여왕 같은 모습을 갖추고 있다.

한반도의 봄은, 행여나 때를 놓칠까 봐 전전긍긍하다가 다시 겨울로 되돌아가기도 하고 하루걸러 오다 가기를 반복하는 우유부단함 속에 세월을 다 탕진하고 갑자기 여름으로 송두리째 바뀌는 그런 어설픈 봄이 아니다. 한반도의 봄은 더 머물고자 주춤거리는 겨울에 양보는커녕 밀어내기를 망설이지 않는다. 봄은 천천히 겨울을 밀어내고 이내 정확히 찾아온다. 그때가 되면 봄이 어디까지 왔는지를 한반도의 꽃나무들이 분명하게 알려준다. 꽃나무들은 어딘가에 숨어 잠을 자다가 봄바람에 놀라 깨어난 듯, "와!" 하며 꽃봉오리를 터트린다.

한반도의 꽃은 자신을 품고 온 봄처럼 머뭇거리는 법이 없다. 꽃은 남쪽 먼 섬에서 올라온다. 겨우 내내 바닷바람에 시달리던 동백나무가 빨간 옷 속에 노란 꽃술을 품은 동백꽃을 가장 먼저 선보인다. 이를 신호로 한반도의 온 산야는 꽃으로 뒤덮이기 시작한다.

뭍으로 올라온 동백꽃을 맞은 매화가 어느 퇴락한 고가의 뜨락에서 꽃망울을 터트린다. 곧이어 산수유가 마을 어귀의 담장은 물론 산 중턱에까지 노란 꽃으로 물들인다. 산수유 꽃은 겨우내 얼어붙었던 사람들의 마음을 풀어준다. 그 뒤를 따라, 백목련과 자목련이 꽃을 피우고, 노란 개나리가 지천을 덮기 시작한다. 라일락 향기가 은은하게 맴도는 이맘때쯤이면 사람들은 누구나 너그러워지기 마련이다.

개나리꽃이 한잎 두잎 질 때를 기다리던 진달래와 벚꽃이 산과 들에 흐드러지게 덮이기 시작한다. 봄이 바야흐로 절정에 달했다. 이제 한반도의 봄은 거의 끄트머리에 와있다. 진달래와 철쭉이 가는 봄을 떠나보내며 여름 맞을 준비를 한다. 한반도의 꽃들은 이렇게 자신의 할 일을 마친 뒤, 앞서거니 뒤서거니 미련 없이 떠난다. 꽃이 피고 지는 순서를 춘서 春序라 한다. 언뜻 복잡하게 보이는 이 춘서가 해마다 질서 있게 반복되는 곳이 한반도이다.

모자 왕국으로부터 초대장을 받자마자 서둘러 비행기에 올랐다. 모자 왕국은 가리지 않고 우리에게 초대장을 보냈음이 틀림없다. 우리는 모두 초대장을 받을 만한 사람들이다. 모자 왕국을 여행하면서 우리는 이 땅에 살았던 사람들이 왜 그렇게 많은 모자를 만들었는지를 알게 될 것이다. 그뿐만 아니라 모자 왕국을 만들었던 사람들이 모자를 쓰지 않는 사람들에게 나라를 빼앗긴 현장도 목격하게 될 것이다.

파란 눈의 서양인들이 왜 조선의 모자를 그렇게 사랑했는지도, 이웃에게 나라를 빼앗긴 못난 조선에 왜 연민을 가졌는지도 알게 되지 않을까? 마침내 "그 많던 조선의 모자가 어디로 사라졌단 말인가?" 라는 의문을 가질 것이다.

모자 왕국의
과거

조선은 현재 우리가 사는 세상과는 비교할 수 없는 딴 세상이었다. 신분 차별이 극심하여 심지어 노비 奴婢를 사고팔았던 인간 시장이었기 때문이다. 신분 차별은 옷차림과 쓰개[1]에서 가장 먼저 드러났다. 그 가운데에서도 특히 조선의 관모 冠帽는 신분 사회의 가치관을 그대로 노출하고 있기에 조선 사회와 그 문화를 이해하는데 중요한 가늠자가 된다. 조선 사회에서

---

1) 저자 주 : 남·여·아동이 머리 위에 쓰는 것을 통틀어 지칭한 것으로 모자와 관모를 모두 포함한 광의의 보통명사로 봄이 옳다.

의 관모는 주로 반상의 신분을 나타내는 수단으로 상용화되면서 착용자와 용도에 따라 그 종류와 형태가 수백 종으로 불어나 분화해 나갔다.

조선의 선비들은 의관정제 衣冠整齊를 선비가 지켜야 할 금도로 여겼기 때문에 때와 장소를 가리지 않고 반드시 관모를 갖춰 썼다. 반상을 가리지 않고 맨머리는 용납이 되지 않았다. 상민들도 양반의 삶을 선망하여 모자를 쓰면서도 자신의 신분과 상황에 어울리는 독특한 모자를 만들어 썼다.

조선에서의 모자는 의복의 장식품 또는 장신구의 역할을 넘어 신분과 계급, 직업, 나이, 성별을 상징하고 분별하는 일종의 사회적 코드 역할을 했다. 그뿐만 아니라 유교에서 비롯된 상하 간의 예의와 남성과 여성이라는 성(젠더)까지 포함하고 있었기에 모자는 조선인의 정체성을 표현하는 상징이었다.

19세기 이 땅에 왔던 서양인들은 조선의 모자를 눈여겨보았다. 하지만 조선의 독특한 모자문화를 깊이 관찰했던 이방인들과는 달리 우리의 선조들은 조선의 모자를 썩 귀하게 여기지 않았다. 이런 이유와 몇 가지 역사적 사건, 예측하지 못한 문명의 횡포로 조선의 모자문화는 극히 짧은 시간에 소멸하고 말았다. 그 이유 가운데 하나가 문명의 적장자라고 하는 편리함이다. 이 땅의 사람들이 편리함을 이유로 단숨에 부싯돌을 버리고 성냥을 택했듯이 단지 문명이 주는 편리함만을 취하고자 조선의 모자를 버렸다면 이는 두고두고 후회할 만한 모자 왕국의 과거가 아닐까?

모자 왕국의
현재

갓과 조선의 모자를 향한 우리 사회의 관심은 2019년 1월 넷플릭스에서 공개한 「킹덤」이란 영화에서 비로소 시작되었다. 감독의 뛰어난 연출과 출연 배우들의 열연에 힘입어 국내는 물론 해외에서도 팬들의 관심이 쏟아졌다. 특히 해외의 시청자들은 갓뿐만 아니라 출연 배우들이 착용했던 다양한 조선의 모자에 큰 흥미를 나타냈다. 더불어 화면에 담긴 고즈넉한 한국의 풍경, 갖가지 궁중 소품, 우아한 장신구에 흠뻑 빠진 듯이 보였다.

한 언론사의 기사에 소개되었던 갓과 조선의 모자를 보는 외국인의 반응이 흥미롭다. 외국인들은 조선의 모자를 "팬시 햇" "어썸 햇" 이라 평가하며 놀라워했다. "킹덤을 통해 조선의 역사와 모자를 좀 더 알고 싶다" "당신은 킹덤을 꼭 봐야 한다. 좀비와 정말 팬시한 모자 때문이다" "킹덤은 좀비와 모자를 보여주는 드라마다" "킹덤은 정말 끝내주는데 최고는 좀비보다 모자"라는 댓글이 많았다.❶

2년 전 뉴욕에서 전시되었던 「조선의 모자 전시회」는 밀려드는 관람객들로 문전성시를 이루었다. 전시된 조선의 모자를 관람했던 한 관람객은 "전시물에서 높은 문화를 느낄 수 있었고, 그들이 전통을 이어 가는 것을 볼 수 있어 매력을 느꼈다."라고 말하며 "조선 모자의 다양함과 높은 예술성에 감동했다"라는 말을 덧붙였다.

몇 년 전 뉴욕에서는 라틴 아메리카의 유명 패션 디자이너인 캐롤리나 헤레라 Carolina Herrera가 뉴욕컬렉션에서 모델들에게 갓을 착용시켜 무대 위를 걷게 하여 신선한 문화 충격을 주었다. 미국의 아마존닷컴에서는 넷플릭스 킹덤의 영향을 받아 갓이 한동안 매출 상위를 점하기도 했으며 최근에는 핼러윈 데이에 갓이 분장 도구로 사용된다는 신문 기사가 있었다.

버킹엄 궁으로 향하는 김 건 주영대사 부부
출처 : 주영한국대사관

　얼마 전 언론에 보도된 사진 한 장을 보고 무척 상쾌했다. 그 사진은 주영대사
로 부임했던 김 건 대사가 영국 여왕에게 신임장을 제정하러 부인과 함께 왕실 마
차를 타고 버킹엄궁으로 가던 모습이었다. 김 대사는 갓을 쓰고 청도포를 입은 조
선 선비 차림이었으며 부인은 예복인 당의를 입고 있었다. 한국의 전통의상을 처
음 본 영국의 언론과 런던시민들은 한복 특유의 우아함과 부드러운 색상의 조화
그리고 김 대사가 쓰고 있던 투명한 갓에 큰 관심을 나타냈다.

　조선 선비의 멋, 갓이 이제야 사람들의 관심을 받아 이 시대에 소환당한 것 같
다. 시대가 세월의 뒤편에서 잠자고 있던 갓을 역사의 전면에 불러낸 것처럼 조
선 여인들의 남바위, 조바위, 풍차, 아얌 같은 난모는 또 언제 우리 앞에 나설 것인
가? 조선 여인의 난모를 떠올리면 아무리 생각해봐도 현대의 한국 여인들이 조선

여인들의 아름다움에서 상당히 비켜나 있다는 느낌을 지울 수가 없다. 그 원인은 아마도 조선과 한국 두 시대 여인들의 두식 頭飾에 있지 않을까? 하는 생각이 든다. 현대의 한국 여인들은 조선 여인들처럼 머리에 댕기를 드리운다거나 난모나 화관 또는 첩지 같은 아름다운 장식물을 얹지 않는다.

갓과 조선의 모자가 우리의 관심을 불러일으킨 것은 다행스러운 일이지만, 이들은 여전히 어둠 속에 묻혀있다. 셀 수 없이 많은 조선의 모자 가운데 갓을 제외하면 우리가 보았거나 아는 것은 극소수에 지나지 않는다. 텔레비전과 박물관이 아니면 어디에서 볼 수 있겠는가?

꿈을 꾼다. 과거와 현재, 미래가 서로의 뒤를 따라 순환하는 세상 이치처럼 인류의 복식도 이런 선순환의 주기를 따라간다면, 조선의 모자도 어느 시대에 다시 살아나 우리 곁으로 돌아오리라는 그런 꿈 말이다.

조선의 모자 탄생

모자는 머리를 보호하는 목적에서 시작하여 다양한 사회의 요구에 따라 진화에 진화를 거듭한 끝에 모자 본래의 목적에서 훨씬 벗어나 현재에 이르렀다. 따라서 인류가 발명한 모자는 다양한 위험으로부터 인간을 보호하여 생존율을 높였으므로 인류의 지속적인 번영과 문명화에 선한 영향을 끼쳤음이 분명하다. 이런 이유로 모자는 인류 문명사의 발전에도 깊이 관련되어 있다고 할 수 있다. 인류가 모자를 쓰게 된 원인과 동기는 의외로 단순하다.

첫째, 날카롭거나 위험한 물체로부터 머리를 보호하고자 모자를 만들어 썼다.

인간의 신체 부위 가운데 머리에 가장 많은 체모가 밀생하는 것은 어느 부위보다 머리가 중요하기 때문이다. 따라서 머리를 보호하려는 것은, 인간의 본능적인 방어행위이다. 현생 인류에게 모자는 머리 장식으로서의 미를 추구하는 기능이나 권위를 상징하는 기능보다 가장 중요한 신체 부위인 머리를 보호하는 기능이 우선시되었다. 이런 이유로 동물의 가죽이나 두꺼운 모직물로 모자를 만들어 썼다.

둘째, 비와 눈을 피하고 뜨거운 햇빛이나 냉기를 차단하는 등 자연의 위험에서 머리를 보호하고자 모자를 썼다. 강한 직사광선이나 찬 바람도 머리를 위험에 빠뜨리게 하는 요인이다. 주로 저위도의 열대지방에 사는 사람들은 강렬한 햇빛을 차단하거나 분산시키는 용도로 나무의 껍질이나 건초로 모자를 만들어 썼으며 고위도 지역에 거주하는 사람들은 냉기로부터 머리를 보호하고자 수달이나 족제비 등 두꺼운 동물의 털가죽으로 모자를 만들어 썼다. 이런 이유로 모자는 추운 시베리아에서도, 뜨거운 사하라 사막에서도 인류의 생존에 꼭 필요한 물건이었다.

셋째, 남성의 지위와 권위를 상징하고 여성의 아름다움을 돋보이게 표현하는 장식 기능을 위해 모자를 착용했다. 이는 모자의 기능 가운데 매우 특별한 기능으로, 국왕은 왕관을 착용함으로 국가통치의 합법성을 인정받기도 하며 크고 작은 집단의 리더가 자신의 권위를 드러내고자 모자를 사용하기도 했다. 또한, 미를 추구하는 여성의 본능을 만족시키는 데 훌륭한 도구가 되기도 한다. 이 기능은 남성과 여성의 각기 다른 욕망을 충족시키지만, 모자의 진화과정에 매우 중요하게 작용했음이 분명하다.

넷째, 신분과 계급 또는 직업을 상징적으로 드러내어 구별하고자 모자를 착용했다. 이 기능은 사회와 국가의 안정을 도모하는 사회적 기능으로 인간의 원만한 사회생활을 위해 필요한 기능이다. 머리를 안전하게 보호하는 기능에서 시작한 모자는 사회가 분화·발전하는 과정에서 사회의 규율을 지키며 지원하는 도구의 역할까지 훌륭하게 수행해 냈다. 이는 동서양을 막론하고 마찬가지이다.

재판관이나 법을 집행했던 사람, 군인들이 썼던 모자나 요리사가 쓰는 토크 Toque, 간호사의 모자와 같은 직업을 드러내는 서양의 모자와 조선의 양반과 선비들이 썼던 관모와 서민들의 패랭이와 방갓 등이 여기에 해당한다.

특히 세계사에서 그 유례를 찾을 수 없이 강력한 신분 사회를 500여 년이나 유지했던 조선에서, 수많은 종류의 모자가 탄생하여 다양하게 진화했던 것은 어찌 보면 당연한 사회적 요구의 귀결이었다. 각 계급과 신분을 가장 쉽게 분별할 수 있는 방법은 계급과 신분에 따라 정해진 모자를 머리에 씌우는 것일 터이다.

예를 들어 문관과 무관 또는 선비나 벼슬아치가 쓰는 관모와 하층민인 보부상이 썼던 패랭이나 백정들의 모자, 여승들의 고깔과 병사들의 모자, 수라간 궁녀와 의녀, 기녀, 침모, 화공 등이 쓰는 각종 모자가 이에 속한다. 조선의 모자는 이러한 사회의 요구에 따라 탄생하여 문화의 지속성이라는 요람 속에서 진보를 거듭했다.

❶ 중앙일보 2019. 2. 16 인터넷 기사 참조
http://news.joins.com/article/23375772

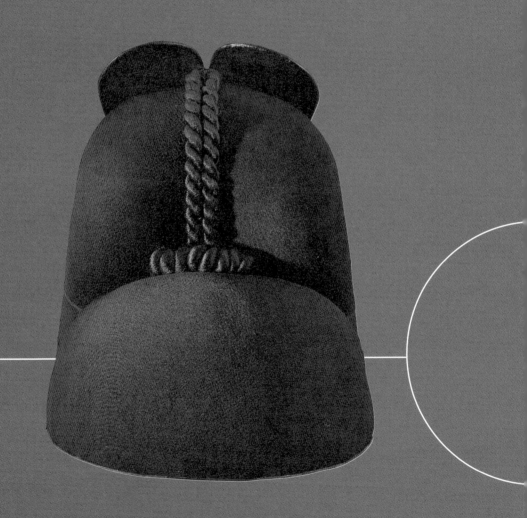

제2장

파란 눈에 비친
조선의 모자

서양인이 기록한
조선의 모자

이 책에 인용한 서양인의 기록은 타자의 시선과 시각으로 작성된 것이므로 한국을 관찰·분석하는 방법이 주관적이고 부분적이다. 이들이 직접 입수한 것이든 간접적으로 얻어낸 정보이든 간에 타자의 관점에서 취사선택된 것이므로 주관성을 배제할 수 없고, 타자는 인식 대상인 한국과 한국인의 타자이므로 한국을 전체적으로 인식할 수 없다. 서양인의 기록을 대할 땐 항상 이 점을 염두에 두어야 한다.

타자로서 비교적 공평한 시각을 가지고 한국을 방문했던 서양인 가운데 때로는 합리적인 논평을 하는 이도 있었다. 외교관으로 조선을 방문하여 갓에 관해 큰 관심을 가졌던 프랑스인 샤이에 롱베[1] 는 서구중심주의적인 문명관에서 벗어나 비교적 객관적인 시각으로 갓에 관해 기록했다.

> 갓 Kat은 모든 계층에서 똑같은 형식을 보인다. 그것들은 대나무 가지와 아주 섬세하게 꼰 말총의 가는 끈으로 만든다. 중간 부분은 둥근 모양이고 가장자리는 아주 넓다. 중간 부분의 모양은 아주 우스꽝스럽게 보이기도 한다. 그러나 우리네의 모자도 동양인이 보면 우습기는 마찬가지라고 인정해야 한다.❶

한국을 방문한 서양인들은 조선의 모자 가운데 특히 갓에 관심이 많았으며 갓을 세밀하게 관찰하여 기록을 남긴 이가 많았다. 실제로 프랑스 선교사 페롱[2]이

---

1) Chaillé Long Bey 1842~1917 프랑스의 외교관
2) Stanislas Feron 1827~1903, 1857년 조선에 파견된 프랑스의 선교사

1869년에 펴낸 한불 필사본 사전에는 '조선 모자'와 '갓'이라는 조선어 단어가 가장 많이 기록되어 있다.❷

또한, 조선왕조 의궤 16권을 필사하여 프랑스 기메 박물관에 남긴 앙리 슈발리에도 「조선의 모자에 관한 연구」[3]에서 조선의 갓이 그 어떤 서양의 모자와도 비교할 수 없는 독특한 형태와 재질을 지녔다는 점을 강조했다. 그는 신분이나 장소에 따라 구별되는 조선의 모자를, 챙 없는 모자, 원형 모자, 각이 진 모자, 중국식 모자, 비 올 때 쓰는 모자와 두건, 종교인들의 모자 등으로 분류하여 소개하고 있다.

또 갓의 형태에 관해서는 평범한 일상 생활용품이나 서양인의 모자와 비교하여 설명했다. 예를 들어 '유럽인의 창모자' '고깔' '브르타뉴 지방 여자가 쓰는 모자' '광대의 모자' '설탕 빵' '끝이 뾰족한 마술사의 보닛' '뒤집어 놓은 꽃병' 등으로 다양하게 비유했다. 갓의 재질에 대해서도 "지름 60㎝ 크기에 빳빳한 망사와 대나무로 만들었으며 끈으로 턱에 묶어 고정한다."라고 상세한 설명을 덧붙였다.❸

1889년 조선을 찾아온 프랑스의 민속학자 샤를 루이 바라[4]는 그의 저서 『조선 종단기 Deux Voyages en Corée 1892』에서 수많은 조선의 모자를 보고 "조선은 모자의 천국이며 민속학적으로 대단히 풍부한 자료인 만큼 파리 사람들도 사고 싶어 할 것"이라는 기록을 남겼다.❹

조선은 모자 왕국이다. 세계 어디에서도 이렇게 다양한 모자를 지닌 나라를 본

---

3) Henry Chevalier, Les coiffures coréenes, 1899
4) Charles Louis Varat 1842~1893

적이 없다. 공기와 빛이 알맞게 통하고 여러 용도에 따라 제작되는 조선의 모자 패션은 파리 사람들이 꼭 알아둘 필요가 있다.

이어서 샤를 루이 바라는 투명하고 가벼운 조선의 갓을 서양의 실크 햇 silk hat[5]에 비교하며 갓의 품질로 착용자의 신분을 알아낼 수 있다고 강조했다.

> 단순한 취향이지만 상투 위에 실크 햇을 연상하게 하는, 유럽인의 눈에 우스꽝스럽게 보이는 모자는 그들에게 아주 특별하다. 그들은 부와 계급에 따라 모자를 달리 쓴다. 조선인은 모자의 가벼움, 투명성, 광택으로 사람을 판단하므로 눈속임을 할 수 없다.❺

위와 같이 조선의 모자에 관해 긍정적인 평가를 했던 샤를 루이 바라도 "나는 서양 의복과 실크 햇을 착용했을 때에야 비로소 나의 정체성을 되찾고 당당해진다."라고 고백했다. 그도 역시 서양의 문명관과 문화적 우월감으로 서구중심주의 시각을 극복하지 못했던 사람이다.

---

5) 19세기 서양에서 남성의 정장용으로 널리 사용된 모자

모자 가게 The Hat Shop
엘리자베스 키스 그림

　조선을 방문하여 예술성이 뛰어난 수채화와 목판화를 남긴 영국 화가 엘리자
베스 키스[6]는 누구보다도 조선인의 독창성을 높이 평가했으며 특히 조선의 모자
를 사랑하여 모자를 쓴 조선인을 즐겨 그렸다. 그녀의 그림 「모자 가게」의 안쪽 벽
에는 흑립과 초립이 보이고 마루에는 갓집을 놓아둔 것을 볼 수 있다.

　높은 모자, 둥근 모자, 리본 달린 것, 세상에 모자란 모자는 다 있습니다.”라
고 간판에 씌어있다. 이 자그마한 가게의 주인은 덩치가 큰 사람이었다. 하
지만 주인은 어떻게든 공간을 만들어서 키가 큰 친구들까지도 가게 안에 다

6) Elizabeth Petrie Keith 1887~1956, 1919년 3월 한국을 처음 방문한 뒤 한국과 한국인에 무한한 애정을 갖게
　된 영국 출신의 여성 화가로 당시 조선의 의복, 가옥, 풍습 등을 생생하게 그려 그림으로 남겼다.

들어오게 했다. 그들은 거기서 온종일 담배를 피우면서 이런저런 얘기를 다 정하게 나눈다.❻

조선 말기에 조선을 방문했던 서양인 가운데 몇몇 사람은 조선의 모자가 지닌 독특한 실용성과 창의성을 자세히 관찰하여 기록을 남기기도 했다. 모자를 외출용 두식 頭飾으로만 사용하던 서양인의 눈에는, 열 사람이 모이면 아홉이 다른 모자를 쓴 조선의 다채로운 모자 패션이 꽤 신기했던 모양이다. 그들의 눈에 비친 조선의 모자는 정말 새롭고도 흥미로운 신변 장식물이었다. 그들은 이런 이유로 조선을 모자의 나라, 모자 왕국, 모자 천국으로 부르기에 주저하지 않았다.

하지만 그들은 이방인이었으며 자신의 눈에 보이는 현상만을 관찰하여 서양인의 시각으로 기록했다. 아름답고 독특하게만 여겼던 조선의 모자 뒤에 얼룩진 조선 서민들의 눈물을 그들은 알지 못했다. 따라서 서양인의 시각이란 타자에게 우리가 어떻게 비쳤는가? 라는 의문을 풀어주는 답이므로 이를 일부러 과장할 필요는 없다. 그러나 이들의 기록을 읽다 보면 그동안 잊고 있던 우리의 참모습을 거울을 통해 직접 보는 듯한 느낌이 드는 것은 부인할 수 없다.

19세기 말 조선 땅을 밟았던 미국의 퍼시벌 로웰[7]은 그의 저서 『조선, 조용한 아침의 나라 Choson, the land of the morning calm』의 한 챕터를 조선 모자를 보고 느낀 자신의 놀라움으로 채우고 있다.

조선의 모자 이야기만으로 한 권의 책 분량이 될 수 있으리라. 여기저기 단

---

7) Percival Lawrence Lowell, 1855~1916 미국의 수학자, 천문학자, 1883년 미국에 파견된 민영익 등 보빙 사절단을 도쿄에서 미국까지 수행했던 인물이다. 미국 애리조나주 플래그스태프에 소재한 로웰 천문대는 로웰이 자비로 만든 천문대이다.

편적인 묘사를 늘어놓을 수는 있겠지만, 그 정도로는 조선 모자의 가치를 제대로 보여주기 어렵고 또 품위에 맞지도 않을 것이다. (중략) 한국인은 모자를 명예의 상징으로 귀하게 여긴다. 집안에 들어갈 때 신발은 벗고 들어가지만, 모자만은 꼭 쓰고 들어간다. 모자를 의복의 한 부분으로 여긴다. 식사 중에도 편한 차림을 위해 겉옷은 벗어도 모자만은 쓰고 식사를 한다. ❼

퍼시벌 로웰

도대체 조선에 얼마나 많은 모자가 있었기에 퍼시벌 로웰은 이런 기록을 남겼을까? 조선의 모자를 볼 수 없는 현대에 사는 우리가 그 종류를 모두 알아내기란 거의 불가능하다. 로웰은 단지 수많은 종류의 모자만을 말하고 있지 않다. 로웰은 '서양 박물관의 큐레이터들이 조선을 모자 천국이라고 할 만큼, 조선에는 품위와 미적 충실도가 높은 모자가 용도별로 넘쳐난다.'라고 했다.

조선이 모자 왕국이라는 사실을 보여주는 그림이 있다. 이 그림은 1904년에 발간되었던 스코틀랜드의 여성 화가 콘스탄스 테일러[8]의 저서 『조선의 일상 Koreans at home』에 실린 것으로 저자가 직접 보고 그린 것이다. 지금의 광화문 광장인 육조 거리에서 그린 이 한 장의 그림에서, 오가는 행인들이 쓰고 있는 쓰개만 해도 사모, 갓, 방갓, 초립, 패랭이, 장옷,

8) Constance J.D. Tayler 1868~1948

서울 풍경
콘스탄스 테일러 그림, 출처 『Koreans at home』

쓰개치마 등 일곱 가지나 볼 수 있다.

　19세기 후반 조선에 입국하여 고종의 공식 초상화를 그렸던 프랑스 화가 조제프 네지에르[9] 는 그가 쓴 책에 조선과 조선의 모자를 이렇게 설명했다.

　　조선은 가장 독특한 모자 문화를 지닌 나라로 모자에 관해선 아리스토텔레스에게 조언을 해주어도 될 만큼 수많은 종류의 모자를 만들어 낸 모자 천국이다.❽

　1866년 병인양요 때 프랑스의 해군 장교로 강화도 침략전투에 참전했던 장 앙

---

9) Joseph de La Neziere 1873~1944 프랑스 화가

갈모를 쓴 조선인 | J.H. 쥐베르 그림
출처 : 프랑스 여행지「르 뚜르 드 몽드」1873년

리 쥐베르[10] 는 조선의 모자를 보고 놀랐던 일을 재미있게 기록하고 자신이 목격한 광경을 스케치하여 그의 저서[11]에 담았다.

> 조선 관리의 가마를 호위하고 있는 사람들이 쏟아지는 비를 막기 위해 쓰고 있는 묘하게 생긴 모자를 보고 절로 터져 나오는 웃음을 참을 수가 없었다. 이것은 기름종이로 만들어진 아래가 넓은 고깔형 모자로 머리가 완전히 덮이도록 만들어졌다. 이 모자의 우스꽝스러운 모양은 우리의 시선을 사로잡았다. 날이 개면 쉽게 접어서 주머니에 넣고 다니다가 비가 올 때는 다시 꺼

---

10) J. H. Zuber 1844~1909 프랑스 해군 장교로 나중에 화가가 되었다.
11) 조선 원정기 Une Expédition En Corée, Le Tour du monde(세계여행)지, 1873 에 게재

내어 머리 위에 펼쳐 쓰도
록 고안되어 매우 실용적
이었다. 이 방법은 서양의
우산보다 훨씬 간편한 것
임이 틀림없다.❾

우산 모자인 갈모를 보고
쓴 쥐베르의 이 기록은 서양
인이 남긴 최초의 기록으로
조선인의 실용성을 높이 평가
하고 있다. 엘리자베스 키스
또한 조선의 다양한 모자 가
운데 우산 모자[12]의 독특함을
유머러스하게 표현했다.

우산 모자를 쓴 노인

모자에 우산을 달겠다는 기발한 생각은 아마 한국 사람만이 할 수 있는 것
이리라. 비 오는 날이면 우산 모자를 쓰고, 두 손이 다 자유스러우니, 걱정
없이 앉아서 이런 생각 저런 생각을 할 수도 있고, 다음에 무엇을 먹을까 생
각할 수 있고, 자연을 음미할 수도 있으리라.❿

---

12) 조선인이 비 올 때 머리에 썼던 갈모 葛帽(또는 우모 雨帽)를 말한다. 보통 갓 위에 착용하지만 망건 위에 바
로 쓰기도 했다. 우산 모자는 비에 젖지 않도록 기름을 먹인 종이로 만들어졌다. 위는 뾰족하고 아래는 넓
고 동그란 형태라 펼치면 고깔처럼 되고 접으면 쥘부채처럼 되었기 때문에 사용하지 않을 때는 옷 소매
안에 보관했다.

퍼시벌 로웰도 갈모에 관해 자신의 의견을 재미있게 표현한 바 있다.

> 우산은 이제 '모자'라는 자기의 근본을 버리고 나름대로 존재 기반을 획득했
> 다. 확실히 우산은 인간에게 여전히 성실하지만, 모자와는 직접적인 관계가
> 없다. 그러나 조선에서는 다르다. 여기서는 우산을 모자처럼 머리에 쓰고 다
> 닌다. 조선은 친구의 우산을 탐하지 않는 실로 행복한 땅이다. 왜냐하면, 문제
> 의 우산은 주인의 머리 위에 얹혀 있지 않으면 주머니에 들어가 안전하게 보
> 관되기 때문이다. 날씨가 맑아지면 신비하게 소매 속으로 사라진다. (후략)⓫

하지만 엘리자베스 키스나 퍼시벌 로웰은 조선인이 비가 올 때 갈모를 쓰는 본
래의 목적을 놓친 것 같다. 갈모를 쓰는 것은, 자신이 비를 맞지 않으려는 것보다
갓이 비에 젖지 않게 함이 우선이다. 그 이유는 갓의 대우[13] 부분은 말총으로 짜였
기에 비를 맞게 되면, 목숨처럼 여기는 갓이 볼품없이 쭈그러들고 말기 때문이다.
갈모라는 명칭이 본래 「갓모」에서 유래되었다는 점을 유념해야 한다.

상상을 초월하는 조선 모자의 종류와 형태, 재질의 다양성 뿐만 아니라 신분과
재산의 유무까지 판별하는 갓의 사회적 기능을 조르쥬 뒤크로[14]는 자신의 조선
여행기[15]에 이렇게 적었다.

> 조선 사람들은 일반적으로 단순한 것을 좋아하지만 모자만은 예외여서 복
> 잡하고 값이 나가는 것을 선호한다. 갓은 유럽의 실크 모자를 연상시키지만

13) 갓의 위로 솟은 부분(모부)을 말하는데 영어로는 크라운 crown이라 한다.
14) 조르쥬 뒤크로 Georges Ducrocq 1874~1927 프랑스 학자
15) 『가련하고 정다운 나라 조선 Pauvre et Douce Corée』1904, Georges Ducrocq

독특한 것은 상투를 넣은 망건 위에 균형 있게 얹어 놓는다는 점이다. 갓은 재산 정도와 지위에 따라 다르다. (중략) 조선 사람들은 갓을 구별하는데 실수하는 법이 없다. 갓의 가볍기에 따라, 투명성에 따라, 갓의 광택에 따라 사람을 판단한다.[12]

이렇듯 모자 천국을 이루었던 우리의 선조가 개화기 때 상투와 결별한 뒤 단지 편리하다는 이유 하나만으로 남에게 빌려 입은 듯 어색하고 천박한 근대의 복식에 적응하느라 한동안 야단법석을 떨었다. 그러는 사이 조선의 모자는 우리에게서 떠나가고 우리는 그들의 이름조차 기억하지 못하는 오늘에 살고 있다.

실용주의 시각으로 본 조선의 모자

지금까지의 자료에 의하면 누구도 서양과 조선의 모자를 체계적으로 비교, 분석한 바가 없는 것으로 파악된다. 그뿐만 아니라 모자에 관해 서양과 조선의 뚜렷한 인식 차이를 공론화했던 기록을 찾을 수가 없었다. 다만 남아 있는 자료를 근거로 한다면, 신변장식품인 모자도 역시 서양인의 시각으로 편집되어 문화적 편견이 심했다.

예를 들어, 실용주의에 집착하던 19세기 유럽인의 시각으로 바라본 조선 선비들의 검은 갓[16] 黑笠은 도저히 이해할 수 없는 물건이었다. 추위와 햇빛 또는 외부의 위험으로부터 전혀 머리를 보호하지 못하는 갓은, 유럽인의 눈에는 실용성이

---

16) 조선 시대에 중인 이상의 신분에 속한 남자들이 바깥출입을 할 때 착용하는 대표적인 관모

전혀 없는 비문명적이고 우스꽝스러운 물건이었을 뿐이다. 그들은 조선 선비들의 갓에 내포된 유교 윤리관과 신분 상징과 같은 갓의 사회적 기능을 전혀 이해하지 못했기 때문이다.

산업혁명 이후의 유럽인은 통상 실용적이지 않은 것은 문명의 산물이 아닌 것으로 여기는 성향이 강했다. 일부 서양인은 조선과 서양의 문화 차이와 조선인의 정체성을 있는 그대로 받아들이거나 인정하지 않았다. 더 나아가 어떤 이들은 조선인이 착용하는 갖가지 종류의 모자를 미개하거나 비문명의 산물이라 보는 서구중심주의 가치관에 매몰되어 있었다. 그들 자신이 매우 편협한 문화에 빠진 미개인이라는 사실을 인식하지 못한 데서 비롯된 촌극이었다.

사실 서양의 모자가 몸을 보호하거나 신변 장식용으로 주로 사용되었던 것에 비하여 조선의 갓은 비실용적인 물건이었음은 틀림없는 사실이다. 나중에야 서양인들이 조선의 갓에 계급과 신분을 드러내는 사회적 기능이 있다는 것을 알았지만, 19세기 실용주의에 젖은 그들의 시각으로는 이 갓은 현실과는 동떨어진 괴상한 물건일 뿐이었다.

그래서인지 조선에 온 일부 서양인은 갓이나 정자관 程子冠[17] 등 조선의 모자를 '광대가 쓰는 우스꽝스러운 고깔'이라는 이름으로 희화화하기도 했다. 이런 단편적인 시각은 동양과 서양 문화의 이질성을 가늠하는 이들의 평균적인 인식이었다. 이런 인식은 당시 이들이 가지고 있던 백인 우월주의와 서구중심주의 사상 그리고 사회진화론에서 비롯된 결과였다.

---

17) 조선 시대 사대부와 유생들이 집안에서 착용하던 모자

서양의 문명관으로 본
조선의 모자

서양의 실크 햇과 꿩의 깃털이나 하늘거리는 망사로 만들어진 빅토리안 시대의 여성 모자는 사용과 보관에서 사용자에게 까다로운 충성을 요구한다. 반면에 조선의 모자는 갓을 제외한다면 사용자에게 꽤 실용성이 높은 존재들이다. 조선의 모자는 실용성도 높지만, 다른 한편으로 사용자의 사회 활동을 제한하는 기능도 함께 가지고 있다. 조선의 모자가 조선 사회의 신분제도에서 많은 영향을 받았기 때문이다.

이런 이유로 모자는 신분의 경계를 넘으려는 사용자의 욕망을 적절히 통제하는 도구로 작용하기도 했다. 이것은 지배계급과 피지배계급 사회를 철저하게 분리했던 조선의 성리학적 통치 구조가 만들어 낸 강력한 신분제도의 결과였다.

갓을 비롯한 조선의 모자는, 조선을 방문했던 많은 서양인을 매료시키는 조선의 대표적인 풍물이었다. 이들은 갓의 고유한 민속적 가치에 흥미를 갖고 세밀한 분석과 관찰을 했다. 그러다가 마침내 1900년 파리 만국박람회에 조선의 갓이 전시되기에 이르렀다. 그러나 일부 서양인 관찰자의 호의적인 시선에도 불구하고 많은 서양인은 자신들의 문화 정체성과 서양 문명을 과대평가하는 이상하고도 지나친 긍지 때문에 타 문화를 깊이 이해하기에는 한계가 있었다.

1886년 조선에 들어왔던 미국인 길모어[18] 는 그의 동료 헐버트 박사와 더불어 조선에 오랫동안 거주했던 미국인이었다. 그런데도 길모어는 그의 저서 「서울 풍물지 Korea from its Capital」에서 갓에 관해 이렇게 말하고 있다.

---

18) George W. Gilmore 1857~? 조선 최초로 설립된 관립학교 육영공 원의 교사로 8년을 근무했다.

조선은 세계적으로 유명한 모자의 나라이다. 종류는 다양하지만, 변화가 없다. 아마존 밀림에서 머리 위에 걸쳐 있는 가지로부터 떨어지는 뱀을 막아주는 우산처럼 생긴 것을 제외하고는 조선이야말로 모자의 첨단을 걷는 나라이다. [13]

당시의 유럽인은 스스로 19세기를 선도하는 문명인이라고 생각했다. 그들은 자신들의 풍습과 다르거나 자신들이 만들어 낸 문명의 소산물과 다른 물건을 사용하는 아프리카, 아시아, 북남미 또는 호주 원주민의 문화를 이해하는 데에 매우 인색했을 뿐만 아니라, 이들 원주민을 야만인이라고 멸시하기도 했다. 미국 헌법을 기초하고 평생 자유를 사랑했던 벤자민 프랭클린[19]마저『북미 야만인 비평집』에서 "우리가 그들을 야만인이라고 부르는 것은 풍습이 우리와 다르기 때문이다."라고 했다. 조선인과 조선의 문화를 보는 그들의 시각도 이와 크게 다르지 않았다.

유럽인들은 민족마다 문명의 진보 속도가 다르게 진행된 것은 각 민족의 생물학상 차이 때문이 아니라 환경의 차이에서 비롯된 것임을 쉽사리 긍정하려 들지 않았다. 그들은 이질적인 문명에 완고했으며 오직 부와 안락함을 가져다주는 것만이 인류 문명의 진보에 도움이 된다고 생각했다.

은연중에 '문명'과 '문명의 발흥' '문명의 진보'와 같은 낱말은 좋은 것이고, 덜 문명화된 사회를 비참하게 여기며, 지난 인류의 역사는 오직 문명의 진보를 향한 기록이라는 그릇된 인식을 했다. 그러나 '문명화와 산업화를 이룬 사회가 수렵 채집하는 부족사회보다 인류의 행복에 더 많이 기여했다.'라는 주장을 입증할만한

---

19) Benjamin Franklin 1706~1790 미국의 정치가, 외교관, 과학자

증거는 존재하지 않는다.[14]

19세기 후반 다수의 유럽인의 머리에는 아직도 세계를 '문명인과 야만인의 세계'라는 이분법으로 나누던 옛 로마 시대 사고방식의 원형이 거의 그대로 남아있었다. 산업혁명 이후 거의 2세기가 지났는데도 서구인들의 이런 인식은 변치 않았다. 지구가 우주의 중심이라는 주장만큼이나 비문명적이었는데도 말이다.

유럽에서는 문명이란 야만의 개념과 반대되는 뜻으로 이해되고 발전해 나갔다. 즉 "문명화되었다는 것은 좋은 것이고 문명화되지 않은 것은 나쁜 것이다."라는 생각이 당시 유럽인의 평균적인 문명관이었다. 과연 이들의 주장이 합리적일까?[15]

어떤 이들, 즉 자신의 종교와 문명관에 투철한 사람들은 더 나아가 이들 야만인을 문명화시키는 것이 신의 뜻이라는 종교적 신념을 가지고 있었다. 이들은 자신들이 이미 이뤄냈거나 추구하는 문명을 야만인에게 이식시키고자 야만적인 수단으로 다른 문명을 압살하기도 했다. 이들은 '악취 나는 문명'이 '고귀한 야만'을 파괴한다는 사실을 미처 알지 못했다.

19세기 내내 계속되었던 서양 문명의 탐욕은 이내 독점 자본주의와 식민제국주의로 표변하여 20세기를 전쟁의 아수라장으로 몰아넣었다. 그 결과 문명의 축복은 몇몇 열강과 소수의 자본가가 독차지했고, 문명의 저주는 모두 식민지의 몫이 되고 말았다.[16]

말이야 바른 말이지만, 문명을 누리는 사람에게는 천국이겠지만 당하는 사람에겐 지옥이었음이 틀림없다. 그렇다면 당시 유럽인들이 소중하게 여기던 문명의 본질은 무엇이었을까? 그들은 인정하지 않겠지만, 애초부터 서양 문명의 본질이

란 T.B 올드리치[20]가 정의한 바와 같이 "야만성이 문명이라는 옷을 입고 가면무
도회를 하는 양의 가죽"이 아니었을까?

---

20) Thomas Bailey Aldrich 1836~1907, 미국의 시인이자 작가

❶ 김성택 외 3인 공저, 프랑스인의 눈에 비친 한국, 경북대학교출판부, 2010 p.276 재인용

❷ 위의 책, p.276 참조

❸ 위의 책, p.277 참조

❹ 백성현, 이한우 공저, 파란 눈에 비친 하얀 조선, 새날, 2006, p.20 재인용

❺ 앞의 책, 김성택외 3인 공저, p.277 재인용

❻ 엘리자베스 키스 저, 올드 코리아 Old Korea, 송영달 역, 책과함께, 2020

❼ 퍼시벌 로웰, 내 기억 속의 조선, 조선 사람들, 조경철 역, 예담, 2001, p.267~269 인용

❽ Joseph de La Neziere, 「극동의 이미지 1903」인용

❾ 앞의 책, 이한우 공저, p.23 재인용

❿ 엘리자베스 키스 저, 올드 코리아 Old Korea, 송영달 역, 책과함께, 2020, p.204 인용

⓫ 앞의 책, 퍼시벌 로웰, p.268~269 인용

⓬ 조르주 뒤크로, 가련하고 정다운 나라 조선, 최미경 역, 눈빛, 2001 p.89~90 인용

⓭ G.W. 길모어, 서울풍물지, 신복룡 역, 집문당, 1999, p.105 참조

⓮ 제레드 다이아몬드, 총균쇠, 김진준 역, 문학사상사, 2016 P.23 참조

⓯ 새뮤얼 헌팅턴, 문명의 충돌, 이희재 역, 김영사, 2005, P.46 참조

⓰ 이승우, 시베리아의 별 이위종, 김영사, 2019, p.60 인용

제3장

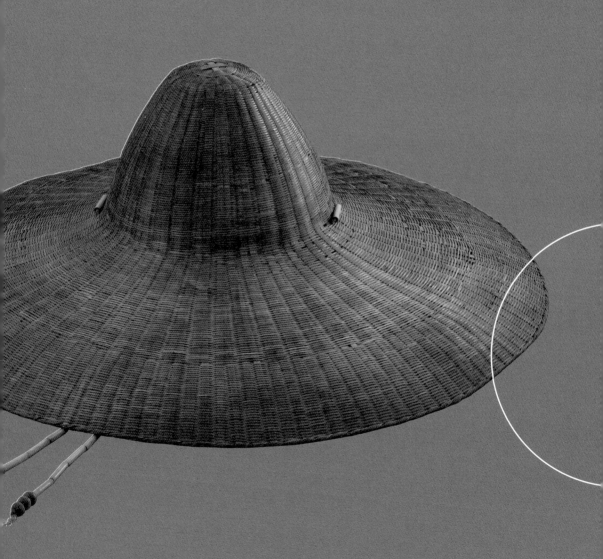

조선은 왜
모자 왕국이
되었을까

조선은 왜 모자 왕국이 되었을까? 역사 연구자들이 의문을 품을만한 주제이지만, 글쓴이의 조사결과 이 의문을 추적한 연구 논문을 찾지 못했다. 조선의 모자를 자못 높이 평가하는 글을 남겼던 서양인들은 그렇다 치고 한국인마저 이 의문에 천착하지 않은 것은 아무리 생각해봐도 그 이유를 짐작할 수 없다. 서양인들의 칭찬이야 물론 듣기에는 좋지만, 그렇다고 무작정 그들의 말에 맞장구나 치고 있을 수는 없잖은가 말이다.

조선에 왔던 서양인들은 그들 눈에 비친 현상만을 기록했다. 조선에 모자가 왜 그렇게 많은가? 라는 의문은 서양인의 기록에서 찾을 수 없다. 그렇다면 그들이 보지 못한 현상의 이면에는 어떤 진실이 숨어있을까?

조선에 왜 그렇게 많은 모자가 있었는가? 라는 의문을 가지고 그 원인을 몇 가지 추적해 보았다. 물론 장래에 조선의 모자에 관해 더 많은 연구자가 나온다면 다른 의견이 추가될 수도 있을 터이다.

첫째, 조선의 모자는 조선인의 전통적인 상투 문화에서 비롯되었으며 여기에 조선 성리학의 윤리관이 더욱 조선의 모자문화에 영향을 끼쳤다.

둘째, 조선인은 신체 각 부위 가운데 유별나게 머리를 중요시하는 특유의 존두사상 尊頭思想을 가지고 있었을 뿐만 아니라, 유학적 선비 사상에서 비롯된 의관정제 의식이 철저하여 의복과 관모를 함께 갖추는데 정성을 다했다.

셋째, 특이하게도 한반도에서만 계승되었던, 장구한 역사를 가진 왕조가 모자문화의 발전에 많은 영향을 끼쳤다. 따라서 조선뿐만 아니라 그 이전의 왕조에서도 정도의 차이는 있을지언정 거의 유사한 모자문화를 누렸다고 보는 것이 타당하다. 500여 년 이상 유지되었던 고구려, 백제, 신라와 고려, 조선은 왕조마다 고유한 문화가 싹터 발전해 나갈 수 있는 충분한 시간을 누렸다. 이렇게 장기간에 걸쳐 다져진 문화는 단절을 거부하고 스스로 생존하고자 하는 생명력을 갖는다. 이를 문화의 지속성이라 한다. 문화가 단절된 왕조는 결코 긴 역사를 가질 수가 없다. 이 문화적 특성이 조선의 모자문화에도 강하게 작용했다.

넷째, 조선의 모자문화는 조선의 엄격한 유교 신분 사회의 영향을 많이 받았다. 조선의 모자는 계급사회라는 사회체제 아래, 신분과 직업에 따른 책임과 의무를 부여하고 제한해야 하는 사회의 필요에 따라 만들어져 발전해 나갔다.

조선 초기에는 위에 말한 원인이 비교적 완만하게 작용하여 모자의 종류가 점증해 나갔지만, 중기 이후부터는 다양한 복식이 개발되고 신분 커뮤니티의 요구가 엄격해짐에 따라 모자의 종류도 급증하게 되었다.

조선의 모자문화는 위에 제시한 네 가지 원인이 상호 보완, 밀접하게 작용하며 발전해 나갔다. 이 점을 고려할 때 조선의 모자는 관습과 전통, 사상과 사회체제, 정치 환경과 미를 추구하는 인간의 욕망까지 함께 어우러져 진화한 결과임이 확실하다.

조선의 모자,
그 뿌리는 상투

조선의 모자문화는 동이족의 상투에 그 뿌리를 두고 있다. 따라서 조선 모자의 근원을 추적하려면 조선 당대는 물론 삼국시대와 고조선 시대까지 거슬러 올라가야 한다. 동이족이 상투를 썼다는 기록은 중국의 사서에서 볼 수 있다.

상투는 혼례를 치른 남자가 땋은 머리를 푼 다음 모아서 틀어 올린 것으로 머리를 묶은 모양이 추와 비슷하다고 하여 추계 椎髻 라고도 한다. 상투는 우리 민족의 대표적인 머리 양식으로 1895년의 을미개혁 전까지 오랜 세월을 함께 한 전통이었다. 이러한 상투가 옛 조선의 고유한 문화였다는 사실은 중국의 여러 기록에서 발견된다. 『사기 조선열전 조선조 史記 朝鮮列傳 朝鮮條』에는 BC 195년경 연나라 장수 위만이 고조선으로 망명할 때 상투를 했다고 기록되어 있다.

연나라 사람 위만이 무리 천여 인을 모아 '북상투[1]'에 오랑캐의 복장(퇴결만이복 魋結蠻夷服)'을 하고서 동쪽의 요새를 벗어나 도망하였는데….

위만이 동이족인 것처럼 위장하고자 상투를 틀고 옛 조선 지역으로 망명했다는 기록은 이때도 이미 고대 한민족이 상투를 틀고 있었다는 것을 입증하고 있다. 이 기록은 위만이 조선에 복종을 나타내기 위한 수단으로 상투를 사용했다는 것을 의미한다. 상투는 동이족임을 보여주는 상징물이기 때문이다. 옛 조선의 상투는 낮고도 단단한 모양이어서 '북상투'라고도 불렸다.

『삼국지 위서 동이전 한조 三國志 魏書 東夷傳 韓條』에도 괴두노계 魁頭露紒, 즉 동이족이 관모를 쓰지 않고 날상투를 하였다는 기록이 있다. 이 기록에서 오래 전부터 조선인 남자의 머리 모양이 상투였음을 알 수 있다. 이에 반해 중국의 상투는 여성의 올림머리처럼 빵 모양으로 크고 둥글게 만들어 천으로 감싸는 형태

---

1) 아무렇게나 막 틀어 올린 상투

중국인의 머리 모양을 보여주는 맹자의 초상화[2]
출처 : 네이버백과

로 그 모양이 조선의 상투와는 상이하다.

일본의 촌마게[3] 丁髮 역시 조선인의 상투와는 그 유래와 모양이 매우 다르다. 일본은 가마쿠라 막부 1185~1333 때만 해도 머리를 길러 뒤로 묶거나 모자를 썼을 때 옆으로 삐져나오는 머리카락을 잘라주는 정도였다. 하지만 덥고 습도가 높은 일본 열도에서 번과 번 사이의 전투 시, 투구를 쓴 사무라이들의 체온이 급격하게 상승하여 전투에 큰 장애가 되었다. 이 때문에 이들은 앞이마와 양쪽, 뒤통수의 머리를 모두 밀어버린 뒤, 정수리 부분의 머리를 세워서 묶어 체온을 낮췄다. 이렇게 생긴 촌마게 관습은 무로마치 막부를 거쳐 에도 막부 때까지 이어졌다. 시대가 변하면서 촌마게의 외형도 약간씩 변해갔다. 1868년 메이지 유신 이후 막부시대가 막을 내리면서 일왕이 스스로 촌마게를 자른 뒤 전국에 단발령을 발령하자, 촌마게는 순식간에 사라지고 말았다. 그 이유는 조선과 달리 일본에는 신체발부 身體髮膚는 수지부모 受之父母라는 유교적인 효의 개념이 없었기 때문이다.

---

2) 저자 주 : 후대인이 맹자를 이미지화하여 그린 초상화
3) 일본의 헤이안 시대에서 에도 시대까지의 남자 머리 모양이다. 정수리를 비롯한 머리 위쪽을 거의 밀고 옆머리와 뒷머리만을 묶어 올렸다.

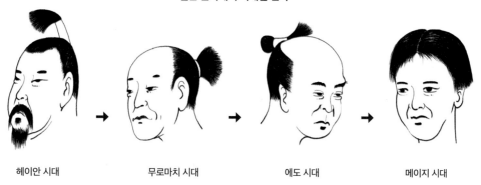

일본 촌마게의 시대별 변화

헤이안 시대 → 무로마치 시대 → 에도 시대 → 메이지 시대

상투의 기원과 변천

상투는 한자어 상두 上斗에서 나온 말로 상두는 북두칠성을 가리킨다. 상투는 우리 조상의 칠성 신앙 七星 信仰과 관련된 것으로 머리에 북두칠성을 얹었다는 의미이다. 우리 조상은 칠성이 삼신 하느님이 있는 곳이라고 믿었기 때문에 상투를 곧 하늘과 인간을 연결하는 매개체의 상징으로 여겼다.

상투의 기원은 어디에서 시작된 것일까? 황하 문명보다 1,000년 앞선 홍산문화 紅山文化 유적은 그 시기와 양식을 고려할 때 고조선 문명의 전 단계로 해석된다. 고조선 문명은 고조선 이전 시기에 형성된 신석기, 청동기 병용시대에 속하는 홍산문화에서 이어졌기 때문이다. 이 홍산문화 유적에서 상투를 고정하는 옥고 玉箍가 다량 출토되었다.

이 옥고라는 유물이 상투가 어디서부터 시작됐는지 명확하게 설명한다. 또한, 고조선의 상투가 훨씬 이전인 신석기시대부터 형성된 것임을 말해 주고 있다. 옥고는 중국의 남쪽과 내륙에서는 발견되지 않는다. 상투가 동이족의 고유한 머리

홍산문화(BC 4000~BC 3000) 유적에서 발굴된 상투를 고정하는 옥고

양식이기 때문이다. 홍산문화 유적지에서 출토된 수십 개의 옥고는 상투가 옛 조
선의 고유한 문화임을 입증하고 있다. 동이족의 상투 문화가 중국에도 영향을 미
쳐 지배층의 머리 양식으로 받아들여졌지만, 우리 민족과는 달리 모든 남자가 상
투를 틀지는 않았다.

　고구려 고분벽화에 나타나는 상투의 모양은 커다랗고 둥근 것과 작고 둥근 것
그리고 '쌍상투'가 있다. 큰 상투는 관모를 쓰지 않은 장사도 壯士圖나 역사상 力
士像에서 많이 볼 수 있으며 작은 상투는 관모를 쓰는 귀인 계층에서 볼 수 있다.
신라 시대의 상투는 경주 금령총 金鈴塚에서 출토된 기마인물형 토기에 잘 나타
나 있다.

　『고려도경 高麗圖經』에 "왕과 신료 이하 서민에 이르기까지 모두 관·건·복두

幞頭를 썼다."라는 기록으로 보아 고려 시대에는 이미 관모가 사농공상의 모든 계층에서 널리 사용되고 있음이 분명하다. 이런 종류의 관모는 당연하게도 상투를 보호하고자 상투 위에 쓰기 적합한 모양으로 발전했다.

원나라 간섭기인 1278년에는 고려 충렬왕의 개체령[4] 開剃令으로 모든 관료층에서 정수리 부분의 머리카락만 남기고 뒤통수에서 묶어 길게 땋아 내린 몽골식 개체변발 開剃辮髮을 하였다. 하지만 변발은 충렬왕과 왕족 및 신하들에 한할 뿐 서민들에게는 적용되지 않았다. 1389년 공민왕은 변발호복 辮髮胡服이 우리 것이 아니라는 신하의 간언을 받아들여 변발을 풀었으며 이내 전통적인 한민족의 상투 머리로 돌아갔다.

조선 시대에도 상·하 계층을 막론하고 상투 튼 모습을 초상화나 풍속화에서 볼 수 있다. 상투를 틀 때는 정수리 부분의 머리를 깎아내고 나머지 주변머리만을 빗어 올린다. 이를 '배코(백호) 친다.'라고 했다. 정수리에 머리카락이 많이 모이면 열이 발산되지 않아 견디기가 힘들기 때문이다. 조선 중기 이후에는 조혼이 성행하면서 상투를 하고 혼례를 치른 어린 신랑이 머리가 당겨 고통스러워 상투를 풀어달라고 떼를 쓰는 일이 많았다.❶

상투와 조선의 성리학

상투라는 전래한 동이족의 발식 髮飾이 조선 시대에 이르러서는 중국에서 들어온 성리학의 영향을 받아 부모에게서 받은 신체발

---

4) 머리를 몽골식으로 변발하라는 왕의 조칙

국보 경주 금령총 기마인물형 토기(관모를 쓴 귀인과 날 상투를 한 하인)
국립중앙박물관 소장

부를 소중하게 여기는 효 사상[5]의 상징물이 되었다. 이런 소중한 상징물을 보호하는 물건인 관모가 관 冠, 건 巾, 입 笠, 모 帽라는 형태와 재질에 따라 진화했다. 또한, 외출, 실내, 장례 및 제례, 공무, 우천과 기후라는 용도에 맞춰 다양하게 발전하게 되었다. 이런 현상은 자연스러운 두식 頭飾의 변화이자 필요를 충족시키려는 인류 욕망의 소산임에 틀림없다.

한 개의 상투가 일반적이지만, 머리숱이 많아서 '쌍상투'를 하는 사람도 있다. 유교 전통사회에서는 혼례를 치른 사람과 미혼자 사이에 엄격한 차별을 두어 어린 소년이라도 혼인하면 상투를 하고 어른 대접을 해주었으나 아무리 나이가 많아도 혼인하지 않은, 즉 상투를 올리지 못한 사람에게는 하대 下待를 했다. 그런

---

5) 신체발부수지부모 불감훼상 身體髮膚受之父母 不敢毁傷이라는 유교적 효의 관념

이유로 짐짓 혼인한 듯이 상투를 하는 사람이 있었는데, 이런 상투를 '건상투'라 하였다.

상투 꼭지에는 금, 은, 동으로 만든 장식용 동곳을 꽂았고 머리가 흘러내리지 않도록 이마에 망건 網巾을 썼다. 조선의 상투는 머리카락을 한 다발로 모아 잡고 앞으로 네 번, 뒤로 세 번 돌린 뒤에 망건 끈으로 묶는다. 망건 앞이마 부분에는 갓을 고정하기 위해 풍잠 風簪을 달고, 그 위에 다양한 관모를 썼다. 일반 서민은 망건 대신 수건을 동여매기도 하였다.❷

적어도 고려 시대까지는 관모를 착용하는 중요한 목적 가운데 하나가 상투를 보호하는 것이었지만, 조선 시대에 들어 예를 중시하는 성리학의 영향을 받아 관모의 필요성이 높아짐에 따라 관모의 용도가 더욱 다양해졌다. 따라서 조선의 관모와 성리학은 따로 떼어놓고 논할 수 없는 깊은 상관관계가 있다.

조선인은 날상투를 그대로 노출하는 것을 극도로 삼갔다. 날상투를 혐오했던 중요한 이유는 오직 옥에 갇힌 죄수들만이 강제로 탈관 脫冠을 당해 날상투를 했기 때문이다. 날상투를 거부하는 관습은 조선의 유학에서 최초로 영향을 받아 형성된 것이 아니라 이미 삼국시대부터 내려오는 전통이었음이 확실하다. 따라서 상투관을 만들어 상투에 씌우고 여기에 망건을 두른 다음, 이 위에 흑립 또는 건 巾 종류의 관모를 착용하게 됨에 따라 더욱 다양한 관모가 개발되는 것은 당연한 결과였다.

조선 모자문화의 뿌리는 조선 시대에 있지 않고 고려와 삼국시대, 아니 더 멀리 나아가 고조선인들의 상투에 그 맥이 닿아 있다. 이 오래된 관습이 조선에 이르러 성리학과 융합하여 더욱 강력한 시너지 효과를 가져왔다. 조선의 사대부 양반들은 혹시라도 상투가 관모 밖으로 비치지 않도록 상투 위에 상투관이라는 또

일경에 체포된 낡상투 차림의 전봉준. 가마꾼의 구식 벙거지와 신식 제복을 입은 경찰의 모자가 대비된다.

하나의 작은 관모를 착용하여 상투를 보호하기도 했다. 조선의 모자는 결국 한민족의 상투 사랑에서 비롯되었음을 우리는 알 수 있다.

존두사상 尊頭思想과
의관정제 의식

　　　　　　　조선의 모자문화는 한국인의 존두사상과 의관정제[6] 의식과도 깊은 관계가 있다. 여기에서 한민족은 왜 상투를 사랑했을까? 라

---

6) 옷차림을 바르고 격식에 맞게 갖춰 입는 것을 말함

는 근원적인 의문이 생기지만 그 답은 비교적 명쾌하다. 한민족의 상투 사랑은 머리를 귀하게 여기는 존두사상에서 비롯되었기 때문이다. 한민족은 철두철미하게 존두사상을 고집하는 민족으로 전 세계에서 유례를 찾기 힘들다.

여기에 좋은 예가 있다. 한국 선비의 본보기라 할 수 있는 단재 신채호에 관한 에피소드이다.

> 춘원 이광수가 만주에서 단재 선생을 모시고 한 집에서 생활할 때이다. 단재는 아침에 세수를 끝내면 으레 어린애처럼 옷을 흠뻑 적시곤 했다. 단재는 고개를 숙이지 않고 물을 집어 올려 뻣뻣하게 선 채로 세수를 하는 바람에 늘 옷섶이 물에 몽땅 젖었다.
>
> 궁핍한 망명 생활이라 누비 솜옷 한 벌밖에 없었기에 젖은 옷을 볕에 말려서 입어야만 했다. 매일같이 이 귀찮은 일을 도맡아 했던 춘원이 어느 날 단재에게 옷이 젖지 않도록 세수를 하시라고 넌지시 권유했다. "선생님, 고개를 숙이고 세수를 하시면 옷이 젖지 않을 게 아닙니까?" 그러자 단재는 "뭐라 하는 건가? 고개를 숙여? 세숫대야 같은 미천한 물건 앞에 머리를 숙여? 그런 상놈의 버릇을 누구더러 하라는 건가?"라며 벌컥 화를 냈다.[3]

머리를 귀하게 여기는 나머지 옷 나부랭이가 젖는 것쯤은 아랑곳하지 않겠다는 단재의 행동은 곧 머리의 존엄성을 지키고자 하는 한국 선비의 전통적 관습의 강력한 표현이다. 이 존두사상은 곧 선비 사상의 본질 가운데 하나로, 생각하기에 따라 얼핏 비합리적이며 낡은 가치의 사상으로 치부되기가 쉽다. 선비 사상이란 워낙 비생산적이고 수구적이기 때문이다. 그러기에 선비 사상은 실사구시를 추구하는 진취적인 현대인들의 비난을 피할 수 없다.

이 사상은 즉각적이고 가시적인 가치를 추구하는 현대인의 사상에 정면으로 부딪친다. 이 두 개의 사상이 어긋나는 것은 당연한 결과이다. 선비 사상에서 현재라는 개념은 오직 고통으로 표현될 뿐, 고귀한 가치를 미래와 과거에 두기 때문이다. 즉 선비 사상의 가치는 현재가 아닌 미래에 있으며 과거에서 현재로 연장되는 이상을 실현하는 것이 선비 사상의 목적이다. 존두사상도 이 같은 가치개념의 연장선에서 이해할 수 있다.

여기에 다른 예가 더 있다.

갑신정변이 일어났던 날 밤, 정변을 일으킨 김옥균 일행이 황급히 고종을 알현하고자 고종 침전의 정문인 협양문에 이르렀다. 그러나 이 문을 지키는 무감 武監이 도무지 문을 열어 이들을 들여보내지를 않았다. 그런데 그 이유가 '평복무관 平服無冠 차림으로는 임금 앞에 나설 수가 없다.'라는 것이다. 무감은 문을 열라고 호통치는 김옥균에게 오히려 관모라도 착용해 달라고 애걸복걸했다.

무감에게는 김옥균의 쿠데타보다 모자가 더 급하고 소중했던 모양이다.❹ 단재 신채호 선생과 무감이 보여준 행동과 사고는 조선인이 관모를 대하는 일반적인 인식이었으며 그 인식의 구체적인 표현이었을 뿐이다.

근대에 이르러 조선인의 존두사상과 의관정제 의식은 웃지 못할 촌극을 빚기도 했다. 두통이 심해 병원에 입원한 사람의 병명이 밝혀졌는데, 그것은 다름 아닌 머리에 쓴 망건이 머리를 너무 꽉 조였기 때문이었다. 문제는 그 이후에 발생했다. 의사의 요구에도 이 환자는 도무지 망건을 벗으려 들지를 않았다. 병상에 있더라도 머리에 관모를 써야 한다는 조선인 특유의 집념 때문이었다.

한반도인들이 일찍부터 관모를 착용했다는 사실은 우즈베키스탄 사마르칸트

조우관을 쓴 고구려 사신 (오른편의 두 사람)
우즈베키스탄, 사마르칸트에서 발굴된 아프라시압 궁전의 벽화 복원도

지역에 있는 아프라시압 Afrasiab 궁전 벽화에서 조우관[7]을 쓴 고구려 사신과 6세기에 중국 양나라를 방문한 사신을 그린 양직공도 梁職貢圖에 보이는 고구려, 백제, 신라 삼국의 사신 그리고 중국 둔황의 막고굴 벽화, 고구려 쌍영총의 기마도에서도 확인할 수 있다.

머리를 귀하게 여기고 관모를 존중하는 사고방식은 서로 직결되어 있다. 조선인은 관을 쓰는 관례 冠禮로 성인이 된다. 일단 관례를 거쳐 성인이 되면 아무리 나이 많은 총각이라도 그에게 어른 대접을 해야 한다. 관은 곧 예를 지키는 사람

---

7) 새 깃털로 장식한 모자

관모를 쓴 신라, 고구려, 백제 사신(좌로부터)
양직공도 복원도

의 자격이자 상징이며 고된 노력 끝에 얻을 수 있는 훈장 같은 것이다. 관을 쓰지 않는다든가 관을 훼손한다든가 하는 것은 예를 지키는 사람이 아니거나 스스로 자격을 내던지는 행위와 같다.

조선에서는 죄인이 되면 관을 벗어야 하는 탈관 脫冠의 절차가 있다. 이 탈관의 순간이 오면 죄인들은 형을 선고받을 때보다 더욱 슬퍼하며 대성통곡했다. 관을 벗는다는 것은 곧 인격 상실이자 인간이기를 포기하는 선언이었기 때문이다. 관은 선비사회의 규범인 예를 강제하는 정신적 채찍이자 선비사회의 자율적 인격을 조성하는 계율이었다.

관을 쓰고 악행을 할 수 없었고, 관을 쓰고 음행을 저지를 수가 없었다. 따라서 관모가 조선 선비들을 자율적 인간으로 사회에 조화시키는 일익을 담당했다고 해도 지나친 말은 아니다.

현대의 한국인에게도 당연히 머리는 위이고 높다는 뜻, 즉 최정상을 가리킨다. 흔히 쓰는 우두머리라는 말이 그것이다. 한국인은 서열의식이 체질화되어 있는 서열 민족이다. 한국의 어느 조직, 어느 집단에도 서열이 없는 곳이 없으며 사무실은 물론 회의석과 연회석에도 서열이 있다. 한국 사회는 이 서열을 본질로 하는 종적 구조로 되어있으며 이의 장점을 말하는 사람도 있지만, 단점 또한 많다는 점을 부인할 수 없다. 현재 한국 사회의 특질을 지탱하고 있는 선비 사상은 바로 서열을 중시하는 존두사상과 의복과 관모를 예의 기본으로 여기는 의관정제 의식에서 파생되었다.❺

조선 선비의 덕목 가운데 하나인 의관정제는 유교의 가치와 예의 개념을 몸으로 표현하는 것을 말한다. 성리학 이론에 따르면, 정신과 몸은 서로 연결되어 있으며 몸은 유교의 가치를 구현하는 소중한 도구이다. 선비가 상투를 올리고, 망건을 쓰고, 갓을 쓰고, 도포를 입는, 이러한 인내심이 요구되는 일련의 과정은 선비가 당연히 해야 할 의무이며 유교 문화의 자부심을 표현하는 고귀한 행위로 여겨졌다.

민영환의
의관정제 의식

1905년 을사늑약에 통분하여 자결한 충정공 민영환이 러시아 황제 니콜라이 2세 대관식에 참석했을 때에 있었던 일이다. 민영환은 축하 사절단의 특명전권공사로 대관식에 참석하라는 고종의 칙명을 받고 차석 윤치호와 수행원 김득련, 김도일을 대동하고 1896년 4월 1일(음력 2월 19일) 인천항에서 사행길을 떠났다.

러시아 황제 니콜라이 2세 대관식 참석차 모스크바에 도착한 축하 사절단과
러시아 접견자 (아래 중앙의 민영환, 윤치호)

민영환 일행은 미국, 캐나다, 영국, 독일 등 9개국을 경유한 끝에 50일 만인 5월 20일 모스크바에 도착했다. 악전고투의 여정 끝에 목적지에는 도착했지만, 그들은 정녕 사행의 목적인 니콜라이 2세 황제의 대관식에는 참석하지 못했다. 그 이유는 어떤 경우라도 사모관대를 해야 한다는 민영환의 고집 때문이었다.

니콜라이 2세의 대관식이 거행된 곳은 러시아 정교회의 본산인 우스펜스키 사원으로 매우 협소했다. 이곳에 입장하려는 사람은 모두 모자를 벗는 것이 러시아의 관습이자 전통이었다. 모자를 쓸 수 있는 사람은 오직 이날 황위를 이어받는 니콜라이 2세뿐이었다. 니콜라이 2세도 모자를 벗은 채 입장하여 대관식이 끝난 뒤에야 황제의 관을 쓰게 되어있었다. 따라서 각 나라에서 온 사절 단원은 당연히 한 사람의 예외도 없이 모두 모자를 벗은 채 입장을 마쳤다. 관습상 모자를 벗지 않는 청국과 터키, 페르시아의 사절단도 마찬가지였다.[8] ❻

그러나 대례복에 사모관대를 한 민영환만이 완강하게 사모 紗帽 벗기를 거부했다. 사절단의 차석인 윤치호는 '사모관대보다 임금의 지엄한 어명을 수행하는 것이 더욱 중요하므로 사모를 벗고라도 대관식에 참석해야 한다.'라며 민영환을

---

8) 저자 주 : 민영환이 집필한 『해천추범』에는 청국, 터키, 페르시아 사절단도 들어가지 못했다고 기록되어 있어 윤치호의 기록과 상반된다. 하지만 현장을 묘사한 내용으로 보아 윤치호의 기록이 더욱 정확하다고 필자는 판단했다.

설득했으나 민영환은 막무가내였다. 결국, 사절단은 민영환이 사모를 벗지 않는 바람에 대관식이 열렸던 사원에 들어가지 못했으며 고종이 맡긴 대임을 완수하지 못한 채 귀국하고 말았다.

윤치호는 이 에피소드(?)를 이렇게 일기에 남겼다.

5월 24일(음력 4월 12일) 흐리고 비 내리다
대관식이 열리는 사원은 러시아의 고위 성직자들과 외국의 축하 사절들 외에는 발을 들여놓을 수 없을 정도로 규모가 작은 곳이다. 이 성당에 들어가는 사람은 누구나 모자를 벗어야 한다. 페르시아인도, 터키인도 심지어 청국인도 러시아 관습에 따라 모자를 벗어야 한다. 그들은 자신들의 임무를 완수하기 위해서는 그 규칙을 지켜야 한다. 그러나 민영환 공은 조선의 예법과 관습에서 벗어난다는 이유로 대관식 동안만이라도 사모를 벗어야 한다는 요청을 단호하게 거부했다. 나는 임금의 중차대한 어명을 받들고 대관식에 왔음을 강조하고 잠시만이라도 고루한 조선 관습을 접어두기를 민 공에게 간청했다. 그러나 민 공은 고집 센 당나귀보다 더욱 완강했다. (후략) [7]

두 사람을 두고 옳고 그름을 구분할 일은 아니지만, 자결했던 민영환은 유교적 대의와 명분을 중시하는 원칙주의자에다 존두사상에 철저했던 사람이었으며, 윤치호는 실사구시의 실용주의자였음을 이 에피소드에서 유추할 수 있다. 독자들은 누구 편에 서겠는가?

518년 장수 국가 조선의 문화 지속성

조선이 모자의 천국이 되었던 중요한 원인 가운데 하나는 518년이란 장구한 조선 왕조의 존속기간에 있다. 아래 표에서 보는 것처럼 동북아시아는 물론 세계사에서도 500여 년 이상 왕조를 유지하며 문화의 지속성을 유지했던 국가는 고구려, 백제, 신라, 고려, 조선이라는 한반도에 있었던 국가들 외에는 거의 찾아보기가 어렵다.

한·중·일의 왕조 존속기간

국 명	왕조명	왕조 기간/년	기 간
한국	신 라	992	BC57~AD935
	고구려	705	BC37~AD668
	백 제	678	BC18~AD660
	발 해	229	AD698~926
	고 려	475	AD918~1392
	조 선	518	AD1392~1910
중국	진	16	BC221~BC206
	수	38	AD581~618
	당	290	AD618~907
	원	98	AD1271~1368
	명	277	AD1368~1644
	청	297	AD1616~1912
일본	가마쿠라 막부	149	AD1185~1333
	무로마치 막부	238	AD1336~1573
	도쿠가와 막부	265	AD1603~1867

출처 : 전쟁, 굶주린 일본 두려운 한국, 이승우, 마인드탭, 2016

왕조 국가가 장구한 역사를 유지하기 위해서는 무엇보다도 문화의 지속성이 필수이다. 문화란 인류가 창조한 문명의 한 부분으로 스스로 정체성을 유지하고 발전하려는 특성이 강하다. 따라서 문화의 지속성은 문명의 진보에 없어서는 안 될 꼭 필요한 요소이다. 문화가 성장을 멈추거나 어떤 외부의 충격으로 파괴되면 문화의 지속성은 곧 단절되며 이에 영향을 받은 문명은 방향을 틀거나 때로는 역행하기도 하며 아예 흔적도 없이 사라지기도 한다. 스펜서[9]는 문명의 본질을 "문명이란 무한하고 조리 없는 동질성에서 뚜렷하고 조리 있는 이질성으로 향하는 발전이다."라는 말로 정리하고 있다.❽ 따라서 문화의 지속성은 문명이 조리 있는 이질성으로 발전하는 과정에 가장 중요한 핵심이자 문명의 자궁이다.

모든 문명에는 경계선이 없다. 그러므로 시간이 흐르면서 거기에 속한 문화는 서로 뒤섞이고 겹쳐지기도 한다. 이때 문명의 관점으로 본 우월한 문화와 열등한 문화의 충돌이 필연적으로 빚어진다. 이러한 문화의 충돌이 빚어낸 융합과 통섭 과정에서 우월한 문화가 열등한 문화를 통섭한다거나 때로는 드물게도 열등한 문화가 우월한 문화를 간섭하여 문화의 지속성이 단절되기도 한다. 문화는 스스로 존재하고 나아가려는 지속성을 가지고 있다. 하지만 문화도 생성되어 역동적으로 발흥했다가 융합, 분열을 통해 쇠락하여 마침내 시간 속에 묻힌다. 문화 역시 우주 만물의 이치를 벗어날 수는 없다.❾

이 문화의 지속성이란 특성은 생활 관습 또는 학문과 같은 무형 문화와 건축, 복식, 두식 등의 유형 문화에 직접 영향을 끼친다. 또한, 조선처럼 오랜 역사를 가진 왕조 국가에서는 개인의 신분과 계급이 더욱 세밀하게 분화되면서 모자문화를 포함한 유·무형의 문화도 함께 분화를 계속했다. 특히 관모를 포함한 복식문화는

---

9) Herbert Spencer 1820~1903 영국의 철학자, 사회학자로 『종합철학체계 The Synthetic Philosophy』라는 방대한 책을 집필했다.

그 성격상 더욱 세밀하고 다양하게 발전해갔다.

반대로 단명한 왕조 국가에서는 유, 무형의 문화가 성숙할 만한 시간이 부족하여 문화의 작은 부분인 복식과 두식 문화도 진보할 기회를 잃고 만다. 따라서 조선의 모자문화는 500년이라는 긴 역사를 가진 조선 왕조의 혜택을 톡톡히 본 셈이다.

조선의 모자문화가 발전하게 된 네 번째 요인인 조선의 신분 계급제도는 이 책에서 다뤄야 할 중요한 주제이므로 다음 장 전체를 할애하였다.

❶ 한국 민속대백과사전 참조

❷ 세계 한민족문화 대전 참조

❸ 선비사상 존두, 이규태, 대성문화사, KINX1976304964, p.45 인용

❹ 앞의 책 p.44 참조

❺ 앞의 책 p.46 참조

❻ 해천추범, 민영환, 조재곤 편역, 책과함께, 2007, p.74 참조

❼ 윤치호 일기, 윤치호, 민영환과 윤치호, 러시아에 가다, 윤경남 역, 신앙과 지성사, 2014, p.107 인용

❽ 시베리아의 별, 이위종, 이승우, 김영사, 2019, p.60 재인용

❾ 문명의 충돌, 새뮤얼 헌팅턴, 이희재 역, 2005, 김영사, P.50 참조

제4장

조선의 모자와
신분제도
그리고 성리학의
허와 실

숙명,
신분제도와
조선의 모자

모자를 넓은 의미로 말한다면 사람이 머리에 쓰는 다양한 모양의 물건을 통틀어 일컫는데 조선에서는 이를 쓰개라고 불렀다. 한민족의 쓰개 문화는 출토된 유물과 고분벽화에서 보는 바와 같이 삼국시대 이전부터 끊임없이 발전해 왔다. 삼국시대에는 왕의 권위를 높이는 금관과 고구려, 신라 사신들이 착용했던 조우관, 신라와 고려 시대에는 중국의 영향을 받아 복두僕頭[1]와 같은 관모가 유행하기도 했다. 특히 아프라시압 궁전 벽화에서 고구려 사신이 쓴 새털 꽂은 조우관은 16~18세기에 유럽을 풍미했던 타조 깃털을 꽂은 신사용 모자보다 무려 1,000여 년이나 앞선 모자이다.

조선 시대의 쓰개는 예를 행하고 신분을 나타내는 수단으로 적극 활용되어 독특한 조선의 쓰개 문화를 꽃피웠다. 우리가 여기에서 눈여겨봐야 할 점은 많은 종류의 모자들이 거의 동시대에 사용되었다는 점이다. 조선인들이 모자를 일상적으로 착용하지 않았다면 이는 불가능한 일이다.

조선의 쓰개는 사용자인 남성과 여성 그리고 아동용으로 구분하지만, 남성용이 여성용보다 그 종류가 다양하다. 이는 유교 관습에 따라 여성의 활동이 억제되는 반면 남성은 사회활동을 활발히 한 것에서 비롯되었다. 쓰개는 또한 실내용과 실외용으로 구분되는데 실내용의 쓰개가 실외용 못지않게 다양한 형태와 용도로 발전했다.

---

1) 중국에서 유래하여 신라, 고려, 조선 중기까지 널리 사용되었던 각이 지고 위가 평평한 관모

특히 남성이 쓰는 실내용 쓰개가 많은 이유는, 조선의 선비들이 친밀한 사이가 아니라면 결코 날상투를 그대로 노출하는 것을 삼갔기 때문이다. 조선 사대부 양반들은 예를 벗어나는 일을 극도로 혐오했으며 이는 선비들의 전형적인 금도였다.

의관정제를 기본적인 자기 수양의 기본이라고 생각했던 조선의 선비들과 사대부에게 모자는 무엇보다도 중요한 필수품이었다. 상민들도 양반의 삶과 모자를 선망했지만, 자신의 신분과 처지에 맞는 모자를 독특하게 만들어 착용하는 것으로 만족하며, 반상의 경계를 정한 사회적 합의를 받아들였다. 그러나 사회적 합의라지만, 머리에 쓰는 모자에서마저 반상의 차이를 고스란히 드러내야 하는 상민 계층의 심정이 어땠을까를 상상해보라.

조선 사회에서 사용되었던 쓰개는 착용자의 성별, 지위와 직업 등 신상 정보까지도 포함하고 있다. 물론 그가 속한 계급의 가치관도 상징하기 때문에 그 시대의 문화와 사상의 흐름까지 이해할 수 있는 중요한 잣대가 된다. 조선 말에 이 땅에 온 일부 서양인들은 특히 이 점에 주목하여 조선의 쓰개 문화를 관찰, 조선 모자의 가치를 높이 평가하는 기록을 남기기도 했다. 그러나 정작 조선 모자의 주인이었던 이 땅의 사람들은 이에 대해 특별한 기록을 남기지 않았다.

관, 건, 입, 모라는 네 가지 형태의 쓰개가 양반, 중인, 상민, 천민이라는 착용자의 신분에 따라 만들어지고 또 그 기능과 용도에 따라 달리 분화되었으니 그 종류가 얼마나 될지 짐작하기란 그리 쉽지 않다. 사람들은 사회의 합의와 금제에 따라 각자의 지위와 신분에 맞는 관모를 써야 했으며, 관모를 쓴 자는 관모에 어울리는 합당한 예우를 받았다. 또한, 조선의 모자는 신분제도라는 조선의 엄혹한 환경이 그 모태이기 때문에 조선의 모자와 신분제도는 떼려야 뗄 수 없는 동일체이다.

신분제도,
너는 누구냐?

　　　　　　　　　　　　성리학이라는 단일 이념으로 창건된 조선은 고려 시대까지 느슨했던 신분제도를 더욱 강화했다. 조선 조정은 국가 질서를 조속히 안정시키고자 신분제도를 강력하게 시행하여 백성들의 입고 꾸미는 복식에까지 세밀한 잣대를 들이대며 일일이 간섭했다. 신분 구별을 위해 의관과 복식을 달리하는 방법만큼 좋은 방법은 없었다. 조선 조정은 나아가 각 신분에 따른 복식사용의 규정까지 제정하여 시행했다. 특히 관모 가운데 갓은 양반과 중인 계층에게만 사용을 허용하였다. 영조 51년(1775)에 내려진 복식 금제령은 그 내용이 매우 세밀하다.

> 소위 관건 冠巾, 도포, 당혜와 같은 것들은 선비가 아니면 감히 착용하지 못한다. 말총 모자, 당건, 창의 氅衣[2], 사립 絲笠과 같은 것들도 역시 선비가 아니면 착용하지 못한다. ❶

　'상민은 어떤 종류의 흑립도 쓸 수 없다.'라는 묵시적 합의가 조선 사회에 형성되어 있었지만, 관모를 포함한 복식의 취향까지 신분과 계급이라는 기준으로 강제한다는 것은 그리 호락호락한 문제가 아니었다.

　간섭과 규제가 심할수록 거기에서 이탈하려는 시도가 자주 일어났다. 더불어 항간에서는 법과 제도 사이의 틈을 비집고 절묘하게 그 경계를 오가는 민중들의 일탈 행위가 적잖게 발생하여 조선 조정을 긴장케도 했다. 그런 시도는 주로 상민

---

2) 조선 중기부터 개화기까지 사대부들이 평상시에는 겉옷으로, 공복의 겉옷 속에는 중의로 입었다. 소매가 넓고 뒤 솔기가 트여 있다.

이 양반의 영역을 침범하여 발생했다.

　지금까지 조선의 모자가 진화하는 과정에서, 조선의 신분제도가 조선의 모자에 어떤 영향을 끼쳤는지 알아보았다. 그렇다면 백성들의 신변 장식품의 하나인 쓰개에 이르기까지 강력한 영향력을 행사했던 신분제도의 정체는 과연 무엇일까?

　조선의 신분제도는 사·농·공·상이라는 직업상의 신분제도와는 전혀 다른 별개의 계급상의 신분제도로 운용되었다. 이의 영향으로 조선 사회는 조기에 안정을 찾아 조선 초·중기에는 산업과 과학, 국방 부문에서 괄목할만한 성과를 이루어내기도 했다. 그러나 신분제도가 가지고 있는 치명적 약점이었던 계층 간의 분열과 갈등이 조선의 운명을 단축하는데 결정적인 원인으로 작용하고 말았다.

　조선 왕조를 관통하여 지배했던 계급적 신분제도에서 가장 최상위 계층인 양반 兩班은 사족 士族에 해당한다. 사족이란 관직에 있는 관료뿐만 아니라 그의 직계 가족과 후손까지도 포함하는 개념이다. 이들은 정치에 이미 참여했거나 참여할 수 있는 관료와 그 가문과 사림 士林인 학자까지 포함하는, 조선 특유의 신분 계층이다.

　국왕이 정무를 볼 때 국왕의 왼쪽에 서 있는 문관을 동반 東班으로, 오른쪽에 늘어선 무관을 서반 西班으로 부른 데서 양반이 유래했다는 주장이 있다. 따라서 초기에는 그 직분을 지칭하는 의미였지만, 점차 반상 제도라는 신분 사회가 정착되면서 신분을 지칭하는 의미로 변했다. 법률로는 양반은 문무 관료와 직계 가족만을 지칭하지만, 관습으로는 혈연과 학연으로 맺어진 전체 관료 지배층을 모두 포함했다.

토지와 노비를 독점한 양반 계층은 과거시험이나 음서제 蔭敍制[3]와 같은 방법으로 고위 관직을 독점했다. 주로 지주와 관료로 구성된 양반은, 생산에는 전혀 종사하지 않고 관직에 있거나 관직만을 얻기를 원했다. 물론 관직을 멀리하고 오로지 학문에만 몰두하는 학자들도 일부 있었다. 타협을 모르고 독선으로 가득 찬 양반 계급은 특권이라는 파이를 나누는데 폐쇄적이며 배타적이어서 하위 계급층의 신분 상승용 사다리를 걷어차는 것이 그들의 일상이었다.

조선이 선택했던 신분제도는 중국의 귀족제도와 형식에 있어선 비슷한 면이 있지만, 세부적으로는 사뭇 다르게 운용되었다. 중국의 귀족제도는 소수의 귀족과 다수의 양민으로 구성되었기 때문에 신분과 계급 구조가 매우 단순하다. 하지만 조선은 사대부를 포함한 양반과 이들을 도와 공무를 담당하거나 의술과 역관 등 전문직을 담당하는 중인 계급 그리고 양민과 상민, 그 아래로 노비와 백정을 포함하여 기예를 업으로 먹고사는 천민 등 네 계급의 신분으로 나누어 엄격하게 운용하였다.

조선의 신분제도를 구성하고 있는 계급은 지배계층과 피지배 계층으로 크게 나뉜다. 지배계층은 양반과 중인을 말하며 피지배 계층은 상민과 천민이다. 상민은 농업, 수공업, 상업에 종사하는 자를 말하며 노비, 광대, 무당, 백정, 기생들이 천민에 속한다.

조선에서는 특이하게도 양천제 良賤制와 반상제 班常制, 두 가지 신분제도가 함께 운용되었다. 양천제는 형식과, 제도상의 신분제도였으며 반상제는 실제와, 현실적인 신분제도였다. 여기서 양천제는 양인과 천민이라는 두 가지의 신분만으

---

3) 고려와 조선 시대에 중신이나 문벌이 좋은 집안의 자식을 과거시험을 통하지 않고 등용하는 제도

로 나누는 데 반해 반상제는 양반, 중인, 상민, 천민이라는 네 가지의 신분으로 구분했다. 제도상으로는 분명히 2계급인 것을 실생활에서는 4계급으로 적용했다. 그 이유는 양반들이 중인과 상민을 빼고 양반들만이 특권을 독점하기 위함이었다.

신분에 따른 조선사회의 사회적 차별은 가혹하기가 이를 데 없었고, 계급 사회에서 양반이 갖는 특권은 실로 무한하다고 할 만했다. 양반의 특권 가운데 군역을 나가지 않아도 되는 특권은 조선 사회를 극도로 분열시킨 악폐 중의 악폐였으며 조선의 멸망에 단단히 한몫했다.

조선의 양반은 거의 무한한 특권을 누렸지만, 부와 권력을 가진 상류층의 책임과 의무를 말하는 노블리스 오블리주[4] Noblesse Oblige 에는 전혀 관심이 없었다. 로마 제국이 1,000년간 존속했던 데에는 로마인의 노블리스 오블리주가 가장 큰 버팀목이었다. 로마인들은 전쟁이 일어나면 군인으로 참전하는 것을 가장 큰 명예로 여겼다. 재산가나 높은 신분의 귀족들일수록 특권을 누리기보다 병역의 의무를 더욱 명예롭게 받아들였으므로, 시민들은 사회적 불평등에 적극적으로 저항하지 않았다. 더 나아가 귀족을 존경하며 복종하여 로마 시민사회의 사기는 드높았다. 이러한 문화가 로마 사회의 저변에 깔려 있었기 때문에 로마는 오랜 세월 유럽의 지배자로 군림할 수 있었다.

이에 반해 조선 사회의 양반들은 조선 초기의 강력한 군주 아래에서는 군역을 나갔으나 점점 갖가지 이유를 대며 군역을 회피했다. 이들은 특히 '유학 공부 중'이라는 핑계를 대며 군역에서 빠지는 경우가 허다했다. 그런데도 어찌 된 셈인지

---

4) 계급과 신분에 따른 도덕적 의무를 솔선수범하는 것

군역에서 빠진 이들이 벼슬길에 올라 자신과 가문의 영달만을 위해 열성을 다하며 승승장구하는 것은, 예나 지금이나 크게 다를 바가 없다. 이 악습을 바로잡지 못하는 이유는, 이들이 권력의 주류가 되어 나라를 좌지우지하기 때문이다.

| 양반의 조건

양반이란 신분은 법으로는 세습이 인정되지 않았지만, 실제로는 세습 성격이 강하여 대대로 세습할 수 있었다. 세습 양반 외에 양반이 되려는 자에겐 몇 가지 조건이 필요하다.

첫째, 양반과 양반의 정식 결혼으로 태어난 자는 양반의 신분을 갖는다. 그러나 양반의 서자는 양반으로 인정되지 않았을 뿐만 아니라 관직에 오를 수도 없었다.

둘째, 신분이 상민의 여자이지만 정식 결혼으로 양반집 가문의 자부가 되었을 때는 양반이 될 수 있다. 그러나 이상하게도 그녀와 양반인 남편 사이에 태어난 자식은 양반이 될 수 없었다.

셋째, 상민 또는 천민을 불문하고 돈으로 벼슬을 산 자는 양반이 될 수 있었다. 돈을 주고 벼슬을 사서 실제 보직을 받아 일하기도 했지만, 참봉 벼슬처럼 단지 명예만을 갖는 경우가 더 많았다.

이처럼 관직을 사서 벼슬자리에 오름으로 신분을 세탁할 수 있는 반면에 수 대에 걸쳐 관직에 오른 자가 없는 양반가나, 가난하여 상민이 하는 천한 직종에 종사하는 양반은 양반 신분을 박탈당하기도 했다. 이런 이유로 양반 중에는 가족을

굶기면서도 상민이 하는 천한 일을 손에 대려 하지 않았다.

　이는 양반 특유의 자존심에서 비롯된 일면도 있지만, 가장 큰 이유는 양반 신분을 박탈당하는 것이 두려웠기 때문이다. 국사범이나 형사범으로 중죄를 받았을 때는 상민보다 더 낮은 천민으로 신분이 강등되기도 했다. 또한, 남녀를 불문하고 천민과 결혼하면 양반 신분을 잃게 되며 낳은 아이들도 양반 대우를 받지 못하고 천민으로 호적에 오르게 된다.

양반,
포기할 수 없는 특권

　　　　　　　　　　양반의 사회, 정치 권력은 양반에게 부여된 특권에서 비롯되었다. 양반의 특권은 사회적으로는 개인의 입신양명과 양인을 포함한 하층민을 통제하는 데 사용되었고, 정치적으로는 유사한 이익을 추구하는 자들이 무리를 이루어 여론을 형성하여 자신들의 이익을 극대화하는데 활용되었다. 반면에 왕권은 특별히 양반의 특권을 제한하거나 권리 행사에 개입하는 것을 주저했는데, 이는 양반세력의 집요한 저항을 무시할 수 없거나 두려워했기 때문이다.

　이들 양반과 사대부의 세력이 강할 때에는, 양반의 동의 없이 양반의 권리 변동을 허용하지 않을 정도로 왕권의 간섭에 민감하게 반응했다. 이들 세력을 효과적으로 견제할 수 있는 도구는 오로지 인·의·예·지·신이라는 유학적 수단, 즉 상징적인 도덕률 밖에 었었다. 이 수단은 상황과 형편에 따라 언제든지 변할 수 있는 특성이 있다.

　양반에게 주어진 공식적인 특권은 다섯 가지이다.

첫째, 과거시험을 볼 수 있는 특권이다. 과거에 급제한 자는 능력껏 얼마든지 높은 자리에까지 오를 수 있었다.

둘째, 군사로 나가지 않아도 되었다. 조선조 초기의 군역제도는 징병제로 모두 군역의 의무를 지게 되어있었다. 그러나 그것은 제도상으로 그렇다는 것뿐이지 관리들의 부정부패로 징병제가 제대로 시행될 수가 없었다. 얼마든지 뇌물로 면제를 받을 수 있었기 때문이다. 그러나 징병제라는 제도 아래에서는 양반도 군역 의무에서 벗어날 수 없기에, 양반들은 아예 징병제를 용병제로 바꾸어 17세기 이후에는 군역을 완전히 면제받기에 이르렀다.

셋째, 양반은 토지세를 제외한 모든 조세 납부를 면제받았다.

넷째, 양반은 성벽이나 궁궐 축조와 같은 모든 공적인 부역을 면제받았다.

다섯째, 같은 죄를 지어도 양반은 형벌에 특혜를 받았다. 장형을 받아도 양반은 태질이 아닌 회초리로, 그것도 엉덩이가 아닌 정강이 밑을 때리는 시늉만 했을 뿐이다. 속전 贖錢으로 형벌을 면하기도 하고, 때로는 죄지은 상전 대신 종이 매를 맞기도 했다. 판관에게 신문을 당할 때도 상민은 엎드려야 했으나 양반은 그냥 선 채로 신문을 받았다.

양반은 누구 앞에서건 마음대로 담배를 피우지만, 상민은 양반 앞에서 담배를 피울 수도, 안경을 써서도 아니 되었다. 상민은 길에서 양반을 만나면 양반이 지나갈 때까지 길가로 비켜서서 몸을 굽히고 예를 표해야 했다. 상민이 양반집 앞에서 말이나 가마를 타고 거들먹거리다간 붙들려가 경을 치게 마련이다. 그뿐만 아니라 주막이나 여관에 이미 상민이 먼저 들었더라도 좋은 자리, 좋은 방은 양반에게 양보해야만 했다.

상민은 가죽신을 신어서도, 청도포를 입어서도 안 되며 정자관을 써서도 안 되었다. 흰 도포는 오직 제사 때만 입을 수 있었다. 도포와 갓도 양반 차지라 이를 넘보는 상민은 치도곤을 당했다. 상민은 벙거지를 썼고 짚신만을 신었다. 이밖에도 양반은 수많은 특권을 향유했다. 오죽했으면 연암 박지원은 그의 저서 『연암집』에 이렇게 기록했을까?

> 평민이 양반을 보면 움츠러들어 숨도 제대로 못 쉬고 뜰아래 엎드려 절해야 하며, 코를 땅에 박고 무릎으로 기어가야 한다.❷

중인이라는 계층

양반과 사대부 계층의 뒤에서 전문적인 일을 담당했던 중인 계층은 간혹 관직에 오르는 때도 있었다. 그러나 역관, 천문의술, 지리, 역학과 율학, 아리 衙吏[5)]와 같은 업무에 국한되어 있었기 때문에 품계도 거의 4~5품 이하에 불과했다. 사실, 이들이 없다면 나랏일이 제대로 돌아갈 수가 없는데도 실상은 이랬다.

어느 나라나 마찬가지이지만 가장 먼저 문물을 습득하는 계층이 바로 기술을 소지한 중인 계급으로 조선도 중인들이 받아들인 서양 문물로 개화를 시작했다. 특히 대원군의 쇄국 정책이 혁파된 후 밀물처럼 밀려드는 외세의 매개체가 되었던 역관이 바로 중인 계급이었다. 역관들은 직업상 청국을 다녀올 기회가 많았으며 그곳에서 보고 들은 서양 문물을 곧바로 국내에 소개했다.

---

5) 관아에서 일하는 서리

따라서 중인 계급은 신지식과 신사상의 씨앗을 파종하는 계층이었으며, 중인들이 모여 사는 청계천 수표교 일원이 자연스럽게 조선 문명개화의 온상이 되었다. 이 가운데 대표적인 인물이 오경석과 그의 벗인 유대치이다. 중인들은 계급 의식이 체질화되어 있는 양반들보다는 실사구시와 이용후생의 실학적 사고를 통해 개화사상의 체계화에 민감하게 반응했다.

이런 이유로, 약간의 말썽이 있었지만, 양반가의 자제들이 자청하여 이들의 제자가 되었으며, 이로써 새로운 사상과 지식이 알게 모르게 조선 사회에 스며들기 시작했다. 중인들이 받아들인 신지식과 개화사상을 김옥균, 서광범, 홍영식, 박영효 등 당대의 명문가 자제들이 받아들여 마침내 갑신정변(1884)을 일으켰다. 갑신정변은 비록 실패한 문민 쿠데타였지만 조선의 문명개화에 결정적인 신호탄이 되었음은 부인할 수 없는 사실이다.

나라의 근본,
양인

상민 가운데 노비와 백정 등 천민을 제외한 백성들을 양인이라 한다. 조선 사회의 인구분포로 보면 가장 많은 계층이 양인이다. 즉, 양반과 중인 그리고 천민을 제외한 모든 사람이 이 계층에 속해 있다. 이들은 조선을 지탱하는 가장 중추 계층으로 양반과 중인들이 천하게 여겨 손대지 않는 농사와 상업을 비롯한 거의 모든 일을 도맡아 하는 계층이다. 물론 천민인 노비와 백정, 기예를 하는 사람들이 하는 일은 제외된다.

사실 이 계층의 사람들이야말로 중농주의 국가인 조선에서 가장 필요로 하는 이들이다. 이 계층의 사람들이 물질적으로 중산층을 형성해야 국가의 재정이 튼

튼해지고 사회가 안정된다. 그러나 조선의 양인들은 재산을 모으는데 그리 적극적이지 않았다. 그 이유는 재산을 조금이라도 모았다는 소문이 퍼지면 먼저 고을 수령이 수단과 방법을 가리지 않고 모았던 것보다 더 많은 것을 뺏어갔기 때문이다.

1894년 연해주를 방문하여 그곳에 사는 조선 이주민들을 만나보았던 이사벨라 비숍 여사는 그의 저서 『조선과 그 이웃 나라들 Korea and Her Neighbours』에서 이 사실을 증언하고 있다.

> 조선에 있을 때 나는 그들이 열등한 민족이었고 삶의 희망이 없는 존재들이라고 생각했으나 프리모르스키(연해주)에서 나의 의견을 수정해야 할 이유를 발견했다. 부유한 농민층이 된 조선인 즉, 러시아의 이주민들처럼 정직한 이 조선인들만이 예외적으로 근면하고 검소한 조선인들로 구성된 것이 아니라는 점을 명심해야 한다. 그들은 대개 수탈과 기근을 피해 온 굶주린 사람들이었다. 이곳의 조선인들이 부유하게 된 것은 조선에서처럼 민중의 피를 빼는 '면허받은 흡혈귀'인 양반이나 관리들이 없었기 때문이었다.[3]

모태 속의 노비

천민은 노비와 백정, 재인 才人, 무당, 사당패, 역졸, 물꾼, 걸인 등을 망라한다. 이 가운데 노비는 사고팔 수 있는 물건으로 취급되었다. 조선의 노비제도는 지배층인 양반 계급이 피지배층인 상민들을 통제하는 중요한 수단 가운데 하나였으며 노비는 양반 계급에 없어서는 안 될 주요한 재산이자 노동력이었다.

노비에는 관비와 사비 두 종류가 있다. 관비는 나라의 역도로 몰린 집의 아내와 딸을 잡아다가 관청에서 부리는 노예를 말하며, 사비는 가난한 농가에서 흉년을 만나 자식들을 먹여 살릴 방도가 없게 된 부모가 돈을 받고 팔아 남의 노예가 된 여인을 말한다. 또 다른 사비는 국가에서 역적의 집안 딸을 공신에게 상급으로 주어 노비로 삼게 하는 경우이다. 관비나 사비는 천하기는 마찬가지 신분이다.

어처구니없게도 노비 자식의 운명은 태어나기도 전, 어미 뱃속에서 이미 노비로 정해져 있다는 점이다. 그렇게 태어난 모태 노비는 당대에서 노비의 삶이 끝나지 않고 대대손손 그 집안 노비가 되어야 했다. 이를 씨종이라 한다. 씨종이란 계집종인 노비가 노예인 남자와 혼인하여 딸을 낳으면 상전에게 바쳐 그 딸도 계집종이 되게 함을 말한다. 아들을 낳으면 딴살림은 나게 해주되 그도 평생을 그 집의 종으로 살아야 하는 운명은 피할 도리가 없었다. 즉 여종이 혼인하여 자식을 낳으면 양반의 재산이 늘어난다는 뜻이다. 이런 이유로 노비를 소유한 양반들은 여종의 혼인에는 적극 신경을 썼지만, 남종의 혼인에는 무관심하거나 심지어 방해하기도 했다.

조선 조정에서는 장예원[6] 掌隸院이란 관청을 두어 이곳에서 노비 문서에 도장을 찍어 호적에 올려놓기 때문에, 일단 노비가 되면 결코 노비 신세에서 벗어날 수가 없었다. 그 자손도 마찬가지였다. 임진왜란이 일어났던 1592년, 한양이 왜군의 수중에 떨어지기 직전 선조가 도성을 버리고 피신하자, 노비들이 장예원을 습격하여 노비 문서를 모두 불태워 버렸다. 노비제도에 한이 맺힌 노비들의 한풀이 사건이었다.❹

---

6) 조선 시대에 노비 관련 문서를 보관하고 노비 관련 소송을 담당하던 관청

조선 후기까지 악명을 떨치던 노비제도는 1894년 갑오개혁으로 혁파되었다. 고종 31년에 반포한 23가지의 갑오경장 개혁은 「공·사 노비의 법전을 혁파하고 인신 판매를 금할 것」을 분명히 했다. 이로써 노비제도는 완전히 법령으로 금지되어 인신을 사고팔던 천년의 나쁜 폐단이 비로소 스러졌다. 비록 일본의 간섭으로 이루어진 제도상의 개혁이었지만, 노비제도를 혁파했다는 한 가지 사실만은 우리 근대사에서 가장 통쾌한 일이 아닐 수 없다. 노비제도는 조선의 모든 제도 가운데 악의 근원이었다.

조선인의 미의식,
신분제도를 초월하다.

신분제도의 목적은 신분 차별이다. 이 차별을 극명하게 드러낼 수 있는 가장 좋은 방법은 옷과 모자, 즉 의관이다. 조선 조정은 각종 형률과 금제 禁制를 통해 신분제 사회를 정착시키고자 각자의 신분에 따라 구별이 쉬운 복식과 관모를 착용토록 강제했다. 신분이 같으면 의관도 같아야 하는 것이 원칙이었다. 조선 조정은 신분과 지위에 따라 입어야 하는 옷과 입지 말아야 할 옷을 정했고, 써야 할 모자와 쓰지 말아야 할 모자를 엄격하게 구별했다. 이 기준을 근거로 하여 사람들의 복식과 장식을 허가 또는 금지했다.

성종 4년(1473) 3월 3일, 예조 禮曹에서 서인 庶人이 갓을 쓰는 것을 금해야 한다고 왕에게 상주하므로 왕이 이를 허락했다.

근래 민풍과 사습이 지나친 사치를 날로 더 해 가서, 서인 중에서 무뢰한 무리가 함부로 모라 毛羅로 만든 갓을 쓰고, 교초 膠草로 갓을 만드는 자도 있는데, 비록 금제를 세워도 끝내 두려워하지 않으니, 법을 문란케 하는 것이 이보다 심할 수 없습니다. 이제부터 모라나 교초로 갓을 만드는 공장 工匠을 아울러 국문하고, 청컨대 율문에 따라 엄하게 징계하소서.

하지만 동서고금을 막론하고 남보다 좋은 의관을 차려입고자 하는 인간의 욕망은 변하지 않는 법이다. 아무리 법이 가혹하고 신분 차별이 심하다 해도 이 욕망은 꺼지지 않는다. 어떠한 상황에서도 인간의 미의식을 향한 열망은 신선하고 독특한 것을 찾아 끊임없이 움직이게 마련이다. 조선의 상황이 이와 같았다. 조선의 가혹한 신분제도 하에서 생긴 계층 간의 갈등에도 이 열망은 굴복하지 않고 아름다운 복식과 수많은 종류의 관모로 옮겨가 만개하였다.

남이 가진 것을 나도 갖고 싶다는 인간의 욕망은 그 어떤 제도나 금제로도 막을 수가 없었다. 수묵화처럼 담백하게 살았을 것만 같은 조선의 서민들이지만, 이들이 지닌 열망마저 소박하지는 않았다. 그들은 같은 종류의 모자라도 자신만의 개성을 드러내고자 모양과 장식을 조금씩 달리하여 착용했다. 이에 따라 모자의 모양이 다양해지며 그 종류는 더욱 풍부해져 갔다. 서민사회에서 불기 시작한 신선한 바람이었다.

이런 영향을 받은 조선의 모자문화는 조선 조정 및 사대부 양반과 상민 계층 간의 갈등을 서서히 극복해 나갔다. 조선의 모자는 계급 사회라는 강고한 체제 아래에서도 미의식을 버리지 않았던 조선 민중들의 열망에 따라 수많은 종류의 모자로 진화하여 꽃을 피워 나갔다.

조선의 지존,
성리학의 허와 실

성리학을 빼고 조선을 논한다는 것은, 마치 이순신 장군을 배제하고 임진왜란을 논하는 것처럼 불가능한 일이다. 정도전 등 조선 개국을 주도한 공신들은 개국 초기에 정치, 사회, 경제, 교육 등 모든 분야에 성리학을 접목했다. 성리학은 모든 분야를 지배하는 통치이념이자 철학이며 조선을 일체화시키는 유아독존의 이데올로기가 되었다. 이들이 성리학을 통치이념으로 선택한 목적은 조선 개국의 당위성을 증명하고 왕권을 제한하여 국가를 안정적으로 통치하고자 함이었다. 특히 과거제도를 도입하여 과거를 통해 엄선된 관료들이 국가를 효율적으로 통치하게 함으로써 이상적인 유교 국가를 실현하고자 했다. 즉 성리학은 효율적인 국가 통치를 위하여 도입된 유교 통치이념으로 장수 국가 조선 왕조를 존속하게 한 원동력이며 신분제도의 모태이기도 하다.

조선 정부는 건국 초기부터 백성이 부를 축적하는 것에는 거의 관심이 없었다. 오히려 백성이 부를 쌓아 지방의 토호세력이 되는 것을 막는 데에 정책의 주안점을 두었다. 이런 정책들은 오로지 인의예지신 仁義禮智信이 근본인 성리학이라는 철학에서 비롯되었다. 조선 초기에는 개국 공신을 비롯한 사대부와 정통 성리학자들은 부국강병을 지향하였지만, 중기에 들어서자 득세한 양반 사대부 계층과 유림세력은 국리민복은 뒷전으로 미루고 오로지 조선을 성리학에 근거한 도덕 국가를 만드는 데에만 정책 목표를 두었다.

성리학으로 다스리는 철학 국가야말로 이상향에 불과했으나, 관료들과 사대부 집권층은 온통 여기에만 집착하여 붕당을 조성하고 당쟁에 몰두했다. 그뿐만 아니라 성리학의 원리주의에 빠진 조선의 유학자들은 백제 멸망 이후 1,300년 동안이나 떠받들던 모화사상과 사대주의를 혁파하기는커녕 오히려 조선을 소중화

小中華로 자처하며 동방예의지국이라는 허명을 즐기고 있었다.

　　사대부와 양반, 유학자 지배층은 이상적인 도덕 국가를 만들고자 명분에만 집착하여 나라와 백성을 빈곤으로 몰아갔다. 이상적 도덕 국가라는 목표가 유학자나 지배계층에게는 추구할만한 가치가 있겠지만 가난한 백성에게는 한 푼어치도 안 되는 쓸모없는 이데올로기일 뿐이었다. 성리학 이념에 매몰된 지배층은 공허한 성리학에 바탕을 둔 가치만을 중시하고 상공업을 경시하며 학문적 우월감에 빠져 있었다. 오히려 그들은 상공업의 발달이야말로 도덕적인 유교 질서를 위협하고 권력체제를 변화시켜 자신들의 기득권을 침해할 것이라 우려했다.

　　이렇게 조선의 지배층이 성리학적 도덕 국가로 나아가고자 하면 할수록 나라는 가난해지고 백성들은 점점 도탄에 빠져들었다. 「무본억말 務本抑末」[7]이라는 유교 이념은 상인과 기술자를 경시하고 영리활동을 천하게 여겨 상공업을 더욱 위축시켰다. 조선 사회가 상공업의 발전을 규제했기에 상인 계층의 확장이 억제되었으며 민간 자본의 축적이란 도무지 기대할 수가 없었다. 거기에 더해 사대부 양반을 포함한 권력 계층의 착취와 견제로 상인들이 자본을 축적하는 일은 더욱 어려웠다.

　　농민들이 노는 땅을 개간하지 않고 황무지로 버려두는 바람에 국가 전체의 토지 생산력이 점점 부진해졌다. 농지를 개간하여 소출이 늘어나면, 지방 수령들이 늘어난 소출보다 더 많은 것을 세금으로 빼앗아 가기 때문이었다. 상공업에 종사

---

7) 도덕이 근본이고 재물은 보잘것없다.

하는 사람들의 처지도 농민들과 비슷했다. 열심히 노력하여 상품을 생산, 유통하여 이익을 내면 이익보다 더 많은 재산을 탐관오리들에게 착취당하므로, 돈을 많이 번다는 것은 곧 재앙을 불러들이는 것과 마찬가지였다.

이래저래 백성들은 부를 축적하는 일에 흥미를 잃었으며 삶의 의욕마저 상실했다. 백성들의 가난은 대대로 상속되었고, 그 결과 나라 전체가 가난해지는 것을 피할 수가 없었다. 또한, 조선의 사대부와 양반 지배계층은 새로운 부를 창출하는 일에는 관심이 없고 오로지 다른 사람의 몫으로 자신의 몫을 늘리는 데에만 골몰했다.

그 결과 세금을 내지 않는 지배계층에 부가 편중되어 국가의 세입이 감소하고, 세입이 감소하므로 국가는 점점 가난 속으로 빠져들었다. 조선의 국력이 고갈되어 가는데도 사대부 집권층은 국부를 늘리거나 백성의 삶을 개선하는 데에는 눈을 감았다. 백성의 삶은 끝없이 피폐해졌으나 세금은 감당하기 어려울 정도로 무거워졌으며 지방 수령들의 가렴주구 苛斂誅求는 날이 갈수록 더해졌다.

백성의 절대다수가 빈곤하므로 부국강병은 꿈조차 꿀 수 없었으며, 나라를 지키는 일마저 아예 중국에 맡기고 군대를 양성하지 않았다. 그에 더해 외적들의 침입을 막는다는 구실로 도로를 내지 않아 그나마 조금씩 생산되는 물화의 유통은 논두렁 밭두렁을 헤매고 다니는 보부상들의 두 다리에 의지할 수밖에 없었다.

군주를 비롯한 사대부 집권층은 이런 사실을 이미 잘 알고 있었다. 사통팔달로 길이 뚫려야 사람들이 오가면서 물산의 유통도 원활해져 백성이 부유해지고, 백성이 부유해지면 나라 곳간도 풍족해진다는 사실을 말이다. 하지만 이들은 길을 넓히고 수레를 만드는 등의 혁신이 가져올 유익함에는 거의 관심이 없었다. 오로지 혁신으로 신분제도라는 기존의 성리학적 질서가 무너지고 권력 구조가 바뀌게

되는 것이 두려웠을 뿐이다.❺

　　조선 주재 미국공사였던 알렌[8] 의 눈에 비친 조선은 만성적인 곤경에 빠져 있었고, 그 근본 원인은 지배계층의 국가 의식 결핍과 사회에 만연되어있는 부패였다. 알렌은 조선의 상황을 그의 저서에서 이렇게 말하고 있다.

　　　　조선에서는 눈에 보이는 재산 축적은 끝이 좋지 않다. 그것은 단지 고양이
　　　　눈을 가진 관리들의 탐욕을 자극하는 구실을 주기 때문이다. (중략) 그러므
　　　　로 힘없는 소작인이나 백성들이 많은 재산을 모으려고 하지 않는 데에는 그
　　　　럴만한 충분한 이유가 있었다. 이들은 다만 가족들이 따뜻한 집에서 굶주리
　　　　지 않고 자신은 담배라도 피우며 고달픈 처지를 잊게 해 줄 정도의 술만 있
　　　　으면 족했다.❻

　　조선 백성에게 조선이란 나라는, 가혹한 세금과 착취로 몇 푼 안 되는 재산마저 빼앗아 갈 뿐만 아니라 자신의 생살여탈권마저 쥐고 흔드는 저승사자이자 증오의 대상이었다. 그렇지만 버릴 수도 없는 모순덩어리였다.

　　518년이란 조선 왕조의 존속기간을 고려해 볼 때 성리학은 결코 잘못된 선택이 아니다. 성리학이라는 당시로썬 대단히 선진 철학 이념 위에 개국했던 조선이었기에 장수했을 가능성이 크다. 그러나 문 文만을 숭상하는 조선 사대부들의 비능률적인 계급 의식으로 조선을 지탱하던 동력이 그 추력을 잃어버렸다. 성리학

---

8) Horace Newton Allen 1858~1932 미국의 의료 선교사, 외교관, 『조선 견문기 Things Korean』 저자

은 조선의 동력이며 동시에 존재 이유였지만 마침내 조선에 큰 짐이 되고 말았다. 급격한 세계사적 사조의 변화에 대응하지 못하는 성리학 자체의 문제가 국가의 동력을 방해했던 것이 가장 큰 원인이었다. 성리학의 문제점을 속속들이 알고 있던 다산 정약용이 성리학을 현실에 맞게 재해석하여 실학의 기초를 세웠지만 만시지탄이었다.

성리학의 나라 조선은 왕조가 지속하는 동안 점점 유학적 가치와 유토피아적 철학 국가관에 매몰되어 신분제도를 고착시키는데 국력을 소진했다. 계급 의식에 젖어 있는 양반 사대부 등 사족들은 대의와 명분에만 집착하여 실사구시와 이용후생을 백안시했다. 이들이 조선의 운명에 치명타를 가했다. 성리학으로 번성했던 조선이 성리학의 함정에 빠져 쇠락해 갔다. 조선 후기의 성리학이란 버릴 수도 없고 그냥 둘 수도 없는 계륵과도 같은 존재였던 셈이다.

❶ 승정원일기, 영조 51년 1월 9일 기사

❷ 조선은 왜 무너졌는가, 정병석, 시공사, 2016, p.223 재인용

❸ 조선과 그 이웃 나라들, 이사벨라 B. 비숍, 신복룡 역, 집문당, 2000

❹ 위의 책, 조선은 왜 무너졌는가, p.282~284 참조

❺ 앞의 책, 조선은 왜 무너졌는가, p.43~44 참조

❻ 조선 견문기, Horace N. Allen, 신복룡 역, 집문당, 1999, p.98~99 인용

제5장

조선에는
어떤 모자가 있을까

관모의 분류

조선의 모자는 시대에 따라 순차적으로 나왔다가 사라지기도 했으나 같은 시대에 함께 애용되었던 모자도 많다. 이 책에서 그림으로 볼 수 있는 모자와 이름이나마 기록된 모자를 모두 합해도 전체 조선 모자의 일부분이며 조선왕조 518년 가운데 겨우 조선 중기 이후에 있던 모자들일 뿐이다. 따라서 이 책을 계기로 관심을 가진 연구자들이 이름조차 잊힌 조선의 모자들을 찾아내어 이름과 함께 그들의 본래 모습을 되돌려주기를 내심 기대한다.

조선의 모자를 용도와 기능에 따라 분류하면 다음과 같다.

지위와 권위를 드러내는 상징적 용도

공무 집행을 위한 공적 용도

신분 또는 직업을 나타내는 사회적 용도

머리를 보호하는 실용적 용도

관혼상제를 위한 의례적 용도

남녀를 구별하는 유교적 용도

장식과 방한을 겸한 여성용 쓰개와 아동용

조선의 모자를 사용자에 따라 분류하면 다음과 같다.

1. 궁중용 관모

왕실용 관모

• 왕의 관모 : 면류관 冕旒冠, 원유관 遠遊冠, 익선관 翼善冠, 통천관 通天

冠, 죽전립 竹戰笠

- 왕비의 관모 : 적관 翟冠, 주취칠적관 珠翠七翟冠
- 왕세자, 왕세손의 관모 : 공정책 空頂幘

궁중 의식용 관모

각건 角巾, 진현관 進賢冠, 개책관 介幘冠, 아광모 砑光帽, 오관 烏冠, 화화
복두 花畵幞頭, 가동용 초립 歌童用 草笠

2. 남성용 관모

공무용 관모

- 문관용 관모 : 양관 梁冠, 제관 祭冠, 복두 幞頭, 사모 紗帽, 백사모 白紗帽
- 무관용 관모 : 전립 氈笠, 전립 戰笠,
- 무관용 투구 : 첨주 簷胄, 원주 圓胄, 면주 綿胄, 간주 幹柱, 두석린 豆錫
  鱗, 두정 豆頂, 등두모 또는 등투구
- 문·무관용 관모: 주립 朱笠, 저모립 豬毛笠

선비용 관모

초립 草笠, 흑립 黑笠, 옥로립 玉鷺笠, 백립 白笠, 정자관 程子冠, 동파관
東坡冠, 충정관 沖正冠, 장보관 章甫冠, 상투관, 방관 方冠, 망건, 탕건, 감
투, 복건, 유건 儒巾, 효건 孝巾, 굴건 屈巾, 휘항 揮項, 이엄 耳掩

중인용 관모
- 경아전[1] 京衙前 관모 : 유각평정건, 무각평정건, 오사모 烏紗帽, 조건 皁巾
- 외아전[2] 外衙前 관모 : 방립 方笠

3. 여성용 관모

예장용 관모 화관 花冠, 족두리 足頭裏, 가리마, 전모 氈帽

방한용 관모 남바위, 조바위, 아얌, 풍차 風遮, 볼끼

내외용 관모 면사 面紗, 개두 蓋頭, 너울, 장옷, 쓰개 치마, 처네, 삿갓

4. 아동용 관모 : 굴레, 호건 虎巾, 복건, 볼끼

5. 서민용 관모 : 패랭이, 갈모 葛帽, 남바위

6. 천민계층 관모 : 벙거지, 삿갓, 패랭이

7. 특수계층 관모 : 고깔, 굴립 屈笠, 송낙 松蘿(승려용), 상모 象毛, 무당 관모, 각건 角巾

---

1) 조선시대, 중앙 관아에 딸려 있던 모든 하급 구실아치. 대부분 중인中人 계급에 속하였다.

2) 조선 시대, 지방 관아에서 일하는 하급 구실아치. 중인 계급의 향리鄕吏로 서원書員, 일수日守, 나장羅將 등을 이른다.

조선 왕실에서는
어떤 모자를 썼을까?

왕조 국가에서 왕과 왕세자, 왕비가 착용하는 왕실의 의관은 신분과 용도에 따라 직물의 재질, 색깔과 문양을 구별하여 특별하게 권위와 위엄을 표현한다. 왕실 복식 가운데 특히 왕이 착용하는 관모는 때와 장소에 따라 달리 사용하도록 정해져 있으며 관모마다 특별한 의미를 내포하고 있다.

한 가지 예로 왕과 왕세자가 즉위식 또는 혼례에 참가할 때에는 앞뒤로 류 旒를 늘어뜨린 면류관을 썼다. 류는 왕이 악을 보지 못하도록 하고 양쪽에 매달려있는 작은 솜뭉치로 왕의 귀를 막아 나쁜 말을 듣지 말라는 뜻이 있다. 이는 왕에게 간신배들의 감언이설을 멀리하라는 경계의 의미이다.

종묘제례에서 면류관을 쓴 임금 대역(한상현 사진)

면류관
King's Crown
冕旒冠
———

출처 : 국립민속박물관

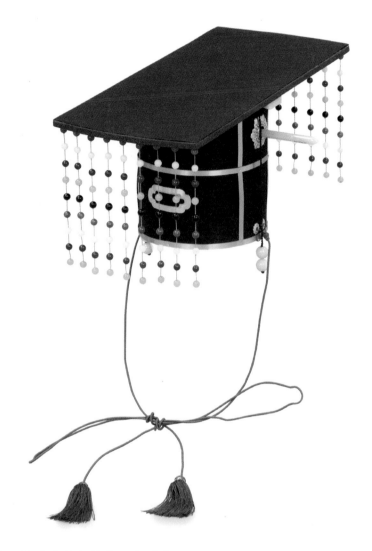

　　고려 시대부터 조선 시대까지 왕의 즉위 때나 왕실의 혼례에 왕과 왕세자가 대
례복과 함께 착용하던 관모로 겉은 검은색이며 안은 붉은색이다. 모부 帽部 위에
장방형의 천판 天板이 올렸고 천판의 앞뒤에 면류를 늘어뜨린다. 왕은 9줄, 왕세
자는 8줄이었으나 1897년 광무 원년, 고종이 황제의 자리에 오를 때에는 12줄의
류가 달린 면류관을 착용했다.

원유관
King's Crown
遠遊冠

출처
한국민속대백과사전
오륜대 한국순교자박물관 소장

　　조선 시대 왕과 왕세자가 신하들의 조하 朝賀를 받을 때 조복인 강사포에 착
용하던 관이다. 원유관은 붉은색 양에 황색, 녹색, 백색 구슬을 꿰어 장식했다. 시
대에 따라 양[3] 梁의 수가 변했으며 임금은 9량의 원유관을, 왕세자는 8량, 왕세손
은 7량의 원유관을 착용하다가 1897년 광무 원년에 고종이 황위에 오르면서 통천
관을 착용하는 것으로 바뀌었다. 익선관과 비슷하지만 원유관에는 익선관에 없는
옥으로 만든 비녀를 중앙에 꽂았다.

3) 원유관 전면의 앞이마에서 우뚝 솟아 어슷하게 마루가 져 뒤에 닿은 부분

익선관
King's Crown
翼蟬冠 또는 翼善冠
——

영친왕이 썼던 익선관

출처
국립고궁박물관 소장

전면

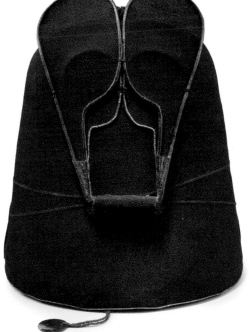

후면

익선관은 조선 시대 왕과 왕세자가 평상시 편전에서 곤룡포를 입고 대소신료들과 국사를 논할 때 쓰던 관이다. 관은 모부 帽部와 각부 角部로 구성되며, 뒤가 높고 앞이 낮은 2단 모정부 帽頂部를 이룬다. 뒤에는 매미 날개 모양의 소각 2개가 위를 향해 달려있어 매미 선 蟬을 붙여 익선관이라 불렀다. 백관이 쓰는 사모의 각은 땅을 향하지만, 임금이 쓰는 익선관의 각은 하늘을 향하고 있어 왕과 신하를 구별하고 있다. 익선관 역시 깊은 뜻을 지닌 왕의 관모이다. 매미는 미물이지만 이슬과 수액을 먹고 살아 군자의 덕목을 지녔으므로 왕이 국정에 임할 때는 이를 잊지 말아야 한다는 경계의 의미를 담고 있다.

익선관을 쓴 고종을 알현했던 서양인들은, 익선관을 '귀가 달린 모자' 또는 '뒤에 날개가 달린 모자'로 유머러스하게 묘사했다. 서양인들은 왕의 익선관과 관리들이 쓰는 사모가 2단으로 되어있고 날개가 달린 까닭에 이들을 비슷한 모자로 오해했다.

통천관
King's Crown
通天冠
——

통천관을 쓴 고종

출처
국립고궁박물관 소장

　　대한제국의 황제가 신하들의 조하를 받을 때 조복에 착용하던 관모이다. 통천
관은 승천관 承天冠이라는 다른 이름으로도 부른다.

죽전립
King's bamboo hat
竹戰笠

——

　죽사 竹絲로 만들어진 전립으로 왕이 특별한 궁중 행사가 있을 때 융복 戎服과
함께 착용했다. 고종 치세에는 퇴직한 원임 대신이나 군부대의 대장, 현직에 있는
관리들의 융복이나 군복 차림에는 얇은 비단으로 만든 전립에 옥로를 사용하도록
했다. 모자의 모정이 둥근 흑립에 옥으로 만든 해오라기를 장식하였기에 옥로립
이라 부르기도 한다. 왕의 전립에는 모정의 금 받침대 위에 옥정자를 올리고 전면
에는 용을 새긴 원형의 밀화가 정교하고 수려하여 국왕의 관모로 위엄이 있다.

공정책 또는 공정흑개책
空頂幘 / 空頂黑介幘
————
출처 : 문화원형백과 참고

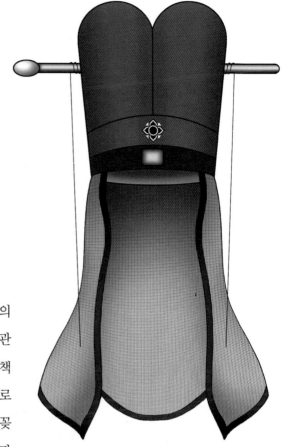

　　모자의 위를 터놓은 흑색의
관모로 왕세자 또는 왕세손이 관
례 전에 쌍동계[4]를 하고 공정책
을 썼다. 공정책은 모부가 둘로
분리된 위쪽에 도금한 동곳을 꽂
고, 이마 부위의 정면에는 금과
옥으로 장식을 붙였다. 현종이 문헌통고 등의 옛 문헌을 찾아 공정책의 형태를 고
증하여 제작, 조선 현종 8년(1667) 1월 왕세자(숙종)의 책례[5] 冊禮 때 세자가 쌍동
계에 착용했다. 당나라에서 유래했던 관모로 그 모양이 화려하지 않고 담백하여
왕실의 품위가 돋보인다.❶

----

4) 머리를 양쪽으로 갈라서 머리 꼭대기 양쪽에 쌍상투를 트는데 그 모양이 꼭 동물의 뿔(角)과 비슷하다. 상투의 밑
　 동을 총 總이라 부르는 끈으로 묶기 때문에 '쌍동계 雙童髻' 혹은 '총각 總角'이라고도 한다. 우리가 지금도 사용하
　 는 총각이라는 호칭이 여기에서 유래되었다.
5) 조선 시대에 상왕, 대비·왕비·왕세자·왕세자빈·왕세제·왕세제빈·왕세손·왕세손빈, 부마 등을 책봉하던 국가의례

적관
Queen's Head Dress
翟冠

———

명나라 신종 정릉에서 출토된 효단현 황후의 구룡구봉관[6)]
주취칠적관의 기원임

출처 : 중국국가박물관 소장

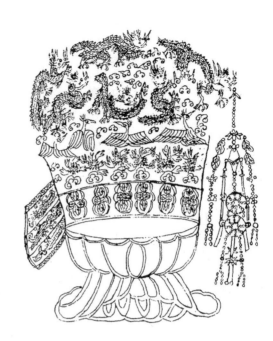

고종 때의 구룡사봉관 (적관의 변형)
출처 : 대한예전

주취칠적관 珠翠七翟冠은 조선 전기 왕비가 책례와 같은 국가 행사에 법복인 적의 翟衣를 입을 때 착용했던 예관으로 명나라에서 왕비의 관복과 함께 들여왔다. 조선에서 사용된 왕비의 적관 翟冠은 명나라의 황후가 착용했던 鳳冠에 상응하는 최고의 예관이다. 즉 조선의 적관은 명나라의 봉관에 그 기원을 두고 있다. 적관은 반원 형태로 대나무 살이나 금속 실을 엮어 틀을 만들고 그 위에 온갖 장식을 올린 후 금비녀와 금으로 만든 일곱 마리의 꿩 장식 등을 꽂아서 고정하였다. 꿩 장식 金翟은 결자 結子라고 하는 화려한 구슬 꾸러미를 물고 있다. 태종 이후 10여 차례 명나라로부터 사여 賜輿 되어 사용되었다. 임진왜란 시 명나라에서 받은 주취칠적관이 소실되어 선조 이후엔 사용하지 않다가 명나라의 멸망으로 아예 명맥이 끊어졌다. 적관은 국내에 실물이 전해지지 않고 다만 『대한예전』에 그림으로 남아 있다.❷

6) https://ko.wikipedia.org/wiki/
%EB%8C%80%EC%88%98%EB%A8%B8%EB%A6%AC 인용

화관
Ornamental Coronet for Royal family
花冠
———

영왕비가 썼던 화관
출처 : 조선조 후기 궁중복식 ❸

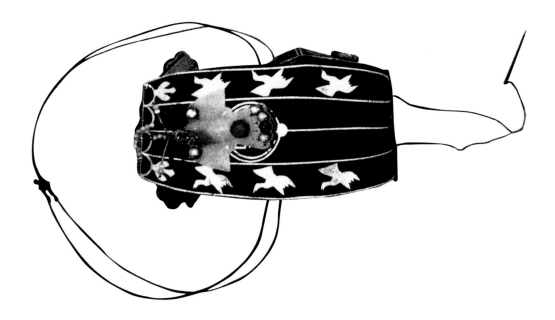

　　화관은 조선 시대에 궁중 의식과 경사가 있을 때와 반가의 혼례나 경사 시에 대례복 또는 소례복과 함께 착용했던 머리 장식품이다. 족두리와 마찬가지로 여성의 아름다움을 드러내는 장식품으로서의 가치가 풍부하다. 그러나 족두리와 화관은 모양이 조금 다르다. 족두리가 일곱 쪽의 검정 옷감을 이어 붙이고 속은 솜을 넣거나 비워 둔 모양이지만, 화관은 딱딱한 종이 위에 자주색이나 검정색 종이

를 바르고, 금색 종이나 금칠 혹은 금실로 가장자리를 장식한다. 영·정조 때 시행된 가체금지령[7] 加髢禁止令으로 가체를 대신하여 화관과 족두리를 사용케 함으로써 일반화되었다.

사진은 영친왕 비가 썼던 화관으로 정면에 백옥으로 봉황을 조각하여 장식하고 2개의 진주 영락 瓔珞과 20여 개의 진주를 꿴 장식을 부착했다. 양 날개에는 각기 커다란 진주를 한 개씩 넣었으며 등 중앙에는 큰 진주 1개를, 꼬리에는 한 개의 붉은 유리구슬을 중심으로 양쪽에 두 개씩(좌측 1개는 유실)의 진주를 끼어 화려하게 꾸몄다. 화관의 상·하에는 금종이로 비상하는 봉황 세 마리를 오려 붙였다. 백옥으로 만든 봉황이 우뚝 솟아 있어 왕실의 품격을 높이고 있다.❹

왕실용 화관은 사용된 재료나 장식이 사대부가에서 사용하는 화관과는 확연히 다르다. 공주와 옹주가 쓰는 화관은 장식의 화사함이 뛰어나고 사용된 보석의 종류 또한, 사대부 가의 화관과도 큰 차이가 있다.

---

7) "양반가의 처첩이나 양민의 부녀로서 다래(가체)를 땋아 머리에 얹는 일과 밑머리로 얹는 제도를 일절 금한다."라는 금령으로 부녀자들이 자신의 머리 외에 다른 머리를 얹거나 덧붙여 꾸미던 사치 풍속을 금지하고자 함이 목적이었다.

족두리
Head Dress for Queen
簇頭里

———

영왕비가 썼던 족두리

출처 : 국립고궁박물관

영왕비가 썼던 족두리 후면
출처 : 국립고궁박물관

　족두리는 고려 시대부터 부녀자들이 의식 때 예복에 갖추어 쓰던 수식품 首飾
品으로 왕실에서는 원삼과 당의에 사용하였으며, 반가나 민가에서는 혼례 때 사
용하였다.

　검은 공단을 아래는 둥글고 위는 각이 지게 여섯 쪽으로 붙이되 뒤쪽은 직선이
되도록 만들어 안에 솜을 넣었다. 상부 중앙에는 백옥으로 된 연화를 놓고, 그 위
에 진주 수술을 단 산호를 얹어 장식하여 소박하면서도 왕실의 기품을 은은하게
풍긴다. 전면에 장수를 기원하는 수 壽 자와 양쪽 측면에 쌍희자 雙喜字 무늬를
정교하게 투조한 옥 장식을 부착하여 검은색의 족두리 모부와 조화를 이루어 한
층 격조를 높인다.❺ 은으로 만든 '꽃이머리' 부분에는 나비 모양이 세공되어 있다.

어염 족두리

Head dress for Queen

어염 簇頭里

———

영왕비가 썼던 어염족두리

출처 : 국립고궁박물관

　어염족두리는 어여머리[8]의 밑받침으로 사용하던 족두리이다. 예장 시 머리 앞부분에 얹고 잘록한 부분에 어여머리를 얹어 착용한다. 이 유물은 보랏빛이 도는 진한 감색 공단 8조각 (앞 3장, 뒤 4장, 허리 1장)을 연결하여, 속에는 목화솜을 넣고 가운데에 잔주름을 잡아 허리를 자색 견사를 꼬아 만든 끈으로 조여 만들었다.❻

———

8) 조선 시대 왕실이나 사대부가에서 부인이 예장할 때에 하던 머리 모양으로 가체와 각종 봉잠으로 매우 과장하여 치장하는 두식이다.

❶ 한국민족문화대백과사전

❷ 조선시대 적관에 관한 연구, 김지연,홍나영 공저, 2010 참조

❸ 조선조 후기 궁중복식, 김영숙, 도서출판 신유, 2002

❹ 위의 책, 조선조 후기 궁중복식, p.283 참조

❺ 위의 책, 조선조 후기 궁중복식, p.283 참조

❻ 영친왕일가복식, 국립고궁박물관 도록 p.194, 2010, 인용

제5-2장

문·무관·선비는
어떤 모자를 즐겨 썼을까?

문관 · 선비용

조선 시대 관리들이 공복에 착용하는 관모로 문관과 무관이라는 직분과 용도와 시기에 따라 그 형태와 색깔이 다르다. 물론 각각의 공무용 관모가 함축하고 있는 의미 또한 상이하다. 때와 장소에 따라 달리 착용하는 관모는 착용자의 공적 권위와 위엄을 높이는 데 중요한 역할을 한다. 이런 이유로 조선 시대에 문무백관이 관모를 쓰지 않고 공무를 집행한다는 것은 상상할 수 없는 일이다.

양관
Official's Head Dress
梁冠 또는 금관 金冠
—

출처 : 국립민속박물관

　　조선 시대에 새해 첫날, 국경일, 대제례, 조칙의 반포 시에 문무백관이 금관조
복에 착용하는 관모로 금관이라고도 부른다. 금색선이 관의 앞이마에서부터 솟아
올라 곡선을 이루어 뒤에 닿는데 이를 양 梁이라 한다. 양에 새겨진 줄의 수에 따
라 품계를 달리하는데 1품관은 5량관, 2품관은 4량관, 3품관은 3량관, 4·5·6품은

2량관, 7·8·9품은 1량관을 썼다. 하부 금관은 원통형인데 전체에 금을 칠하여 화려하고 윗부분은 검은 비단으로 되어있다. 금을 칠한 비녀로 고정하며 비녀의 양끝에는 술을 늘어뜨렸다.

금관조복한 대신
(서헌강 사진, 국립민속박물관)

제관
Hat for Royal Rituals
祭冠
——
출처 : 국립민속박물관

제관과 관모함
(서헌강 사진, 국립민속박물관)

국가의 제사를 집행할 때 국왕은 면류관을 썼으며 문무백관이 제복 祭服을 입고 제관을 착용했다. 제관은 금관과 마찬가지로 금색선인 양수 梁數에 따라 계급이 구분되며 제관의 구조는 양관과 같다.

흑사모
Official Hat
黑紗帽
—

출처 : 국립민속박물관

고려말부터 조선말까지 문무백관이 일상복에 착용했으며 조선말에는 공복, 예복에 두루 사용하였다. 1900년 문관들의 공복이 서양 복식으로 바뀔 때까지 가장 오랫동안 사용되었던 관모이다. 사모는 모부 帽部와 양 날개처럼 생긴 각부 角部로 구성되는데, 뒤가 높고 앞이 낮은 2단 모정부 帽頂部를 이루었다. 겉면은 죽사 竹絲와 말총으로 짜고 그 위를 명주(紗)로 씌워 사모라 불렀다.

조선 중기에는 모체가 높고 양각도 평직으로 넓었으나, 후기에는 모체가 낮아지면서 양각의 길이도 짧아지고 아래로 굽어졌다. 사모는 흑사모와 백사모 두 종류로 나뉘며 흑사모는 조선의 대표적인 관모로 서민층에서도 혼례 때 신랑이 썼다. 퍼시벌 로웰과 이사벨라 버드 여사 등 많은 서양인이 사모의 양각을 날개 또는 귀로 기록하며 양각은 왕에게 절대 복종을 상징하는 것으로 이해했다. 조지 커슨[9] 같은 사람은 사모를 '옛 베니스 총독의 모자' 같다고 평하기도 했다.❶

---

9) George Nathaniel Curzon 1859~1925, 영국의 엘리트 출신의 정치가로 전형적인 제국주의자이다.

백사모
Official Hat for the Period of National Mourning
白紗帽
———

출처 : 국립민속박물관

조선 시대 조신들이 국상 國喪 때 착용하던 관모이다. 흰색 명주로 만들거나
흑사모의 겉에 흰 베를 입히고 흰 칠을 하였다. 뒤가 높고 앞이 낮은 2단 모정부를
이루었으며, 시대에 따라 양 날개의 형태가 위·아래로 변하였다.

고정립
高頂笠

고정립을 쓴 청계 김진
1500~1580

출처
국립대구박물관
의성 김씨 종택에서 기탁한 유품

청계의 초상화에서 보는 바와 같이 모부가 둥글고 높다 하여 고정립으로 불렀다. 고정립은 고려말 우왕 12년 정몽주가 명나라에서 받아온 관복에 포함되어 이때부터 착용하기 시작했다. 고려말부터 조선 초기에 사용된 갓이며, 거친 대오리로 만들었기 때문에 삿갓에 가까워 아직 흑립에는 이르지 못한 형태이다. 세종 15년(1433) 10월에 왕이 고정립을 착용함에 따라 일반 백성도 중립 中笠 대신에 고정립을 썼다. 그러나 1489년 성종 20년에는 고정립이 마치 승려들이 쓰는 승립과 비슷하므로 갓의 모양을 바꾸라는 왕의 교지가 있었다.

흑립
Gat
黑笠, 갓

출처 : 국립민속박물관

　　조선 시대의 으뜸가는 관모로 가는 대오리나 말총 등으로 양태와 모자를 만들고 베 布와 명주 絲 등으로 싸 검은 옻칠을 했다 하여 칠립 漆笠 이라고도 불렀다. 모자는 원통형으로 위로 갈수록 줄어들고 모정이 평평하며 양태의 버렁은 약간 곡선을 이루도록 짠다. 흑립은 패랭이 平涼子, 초립 등의 단계를 거쳐 정립된 조선 시대 갓의 전형이며 조선말까지 가장 널리 보급되었다. 사대부, 선비들이 가장 아끼고 사랑했던 조선 시대를 대표하는 관모이다. 흑립에 관해서는 「제6장 갓, 조선 선비의 멋」에 자세하게 기록했다.

옥로립
Official Hat
玉鷺笠
—

출처 : 국립민속박물관

옥로립의 모정에 장식한 옥정자
출처
대 : 국립중앙박물관, 소 : 국립진주박물관

옥로립 玉鷺笠은 극상품의 갓으로 모정 帽頂[10]에 옥으로 만든 해오라기를 장식하여 붙여진 이름이다. 외국에 사신으로 나가는 관리 또는 조선 시대의 고위 관리가 착용했다. 옥으로 만든 해오라기는 청렴결백을 상징한다. 옥로립의 모옥은 초기에는 둥글었으나 후대로 갈수록 평평하게 변하였다. 해오라기 장식은 금속판 받침대에 물림판을 만들어 움직이지 않게 고정하였다. 갓의 모정에 옥을 장식하는 것은 본래 원나라에서 유래한 것이 확실하다. 이는 고려 공민왕 때 관리의 등위를 가리기 위해 백옥·청옥·수정으로 된 옥정자를 갓의 정상에 장식하는 입제를 시행했던 『고려사』의 기록으로도 확인된다.

조선 시대에는 위계에 따라 대군 大君은 금으로, 3품까지는 은, 사헌부, 사간원의 관리와 절도사, 관찰사는 옥정자, 감찰 등의 관리는 수정 정자를 하도록 제도화되어 조선 말기까지 시행되었다.

대원군과 악연이 있는 독일인 오페르트[11]는 그의 저서 『금단의 나라 조선 Ein Verschlossenes land: Reisen nach Korea』에서 옥로립을 다음과 같이 묘사하고 있다.

> 관리의 모자는 둥글며 은으로 학을 장식했는데, 내구성이 있으며 그 솜씨가 매우 정교하다. 이 모자는 햇볕과 비를 충분하게 막아 주며 철삿줄을 엮어 놓은 듯이 주름이 매우 곧다.❸

---

10) 모자의 가장 윗부분

11) Ernst Jakob Oppert 1832~1903 독일 태생의 유태인으로 상인이자 학자로 1868년 대원군의 선친인 남연군의 묘를 도굴했다.

백립
Hat for the Period of Mourning
白笠

———

출처 : 국립민속박물관

조선의 사대부, 양반들은 부모의 상을 당하거나 국상 國喪을 당했을 때는 흑립과 같은 형태의 갓의 대우와 양태 위에 하얀 베를 씌운 백립 白笠[12]을 쓰고 상례 喪禮를 갖춘다. 특히 국상의 경우에는 궁중의 관리뿐만 아니라 민가의 선비들마저 백립을 쓰고 상례를 다함으로써 신하와 백성 된 예를 갖춘다.

　　조선 조정은 국상 중에는 관원과 선비뿐만 아니라 평민들까지도 백립 착용을 허용하였다. 국상 중에 착용한 관모이므로 일반적으로 갓에 장식했던 입식[13]이나 입영[14]은 늘어뜨리지 않았다. 이때 백립을 구할 형편이 되지 못한 서민들은 갓이나 패랭이에 백지나 흰 헝겊을 둘러서 착용하기도 했다.

　　머리에 쓰는 관모를 흰색으로 바꾸는 것은 신체 가운데 머리를 가장 중요시하는 존두사상에서 유래한 것으로 관모를 백립으로 바꿔 망자에게 최고의 예를 갖추고자 하는 유학적 표현이다. 그러나 벼슬아치들이 국상 중이 아닌데도 백립을 쓰고 궐내를 출입하고 자신을 호위하는 군사들에게도 백립을 쓰게 했다. 예종 치세엔 관리들의 이러한 행위를 금하는 금령 禁令을 내리기도 했다.❹ 관리들이 평시인데도 백립을 쓰고 다녔던 것은, 일시적인 복식의 유행으로 보인다.

---

12) 흑립에 흰 베를 씌운 갓으로 상주 喪主가 쓰거나, 국상 國喪 때 일반 백성이 썼다.
13) 갓 모정에 새나 기타 형상의 장식물을 세운 것을 말한다.
14) 갓끈을 말한다.

저모립
豬毛笠

출처 : 국립민속박물관

조선 시대 당상관의 관리가 썼던 갓으로 돼지 털을 다져서 만들었다. 죽사립에
이어 상등품 갓으로 쳐줬다.

정자관
Head Dress for Confucians
程子冠
—

출처 : 국립민속박물관

단층 정자관

2층 정자관

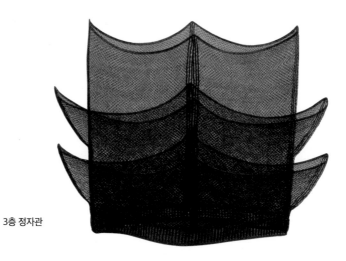

3층 정자관

정자관을 쓴 유소심 초상
출처 : 국립중앙박물관

조선 시대 사대부 양반들이 집 안에서 갓 대신 가장 많이 쓰던 편복용 관모로, 망건이나 탕건 위에 썼다. 정자관이란 명칭은 정자 程子라 불리는 북송의 유학자 정호와 정이 형제를 숭모하는 뜻에서 유래되었다. 정자관은 복건, 동파관, 사방관과 함께 편복용 관모로 널리 사용되었다.

말총을 재료로 산 山자 모양으로 정밀하게 짰으며, 높이와 크기를 다르게 하여 2단 혹은 3단으로 겹쳐 만들어 단층관, 2층관, 3층관이라 했다. 조선 후기까지 가장 널리 애용되었던 관모로 직선으로 처리된 정자관의 날카로운 모서리가 선비다운 풍모를 역력하게 보여준다. 하지만 이 관모를 처음 본 어떤 서양인은 정자관의 내력과 그 형태의 오묘한 뜻을 이해하지 못한 채 이를 조롱하기도 했다. W. 그리피스는 『은자의 나라 한국』에서 "이들이 쓰는 모자 중의 어떤 것은 모자 위에 6개의 봉우리가 삐죽삐죽 솟아 있는 것도 있다." 라며 2층 정자관의 모서리를 묘사하고 있다. 하지만 퍼시벌 로웰의 묘사는 깊이가 있고 우호적이다.

이 모자는 검은 비단으로 이루어져 있다는 점에서 다른 것과 같을 뿐 모양은 전혀 다르다. 둘로 갈라진 뾰족탑 모양에 몸체도 없고 무게도 없다.(중략) 어찌 보면 조상 숭배가 바로 종교였던 조선에서는 모든 사람이 고위 성직자이기 때문에 예법에 맞게 성직자의 표식을 하는 것이라고 할 수 있다.❺

동파관
Head Dress for Confucians
東坡冠

출처 : 국립민속박물관

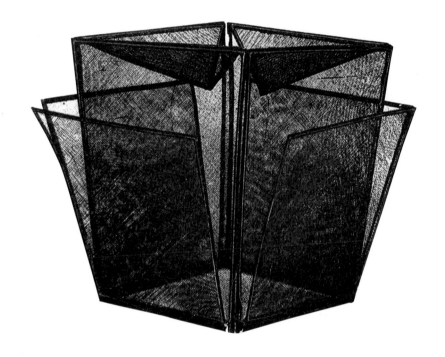

　조선 시대 사대부가 집에서 쓰던 관모로 망건 위에 썼다. 네 조각으로 이루어
졌으며 말총이나 죽사 竹絲로 관이 두 개 겹쳐지게 했다. 안의 것이 겉의 것보다
크며 윗면은 직선으로 되어있다. 중국 송나라 사람인 소식 蘇軾이 썼다고 하여 그
의 호를 따 동파관이라 했다. 동파관 역시 그 외양에서 선비의 고고한 기개를 보
여준다.

사방관
Head Dress for Confucians
四方冠
───

출처 : 국립민속박물관

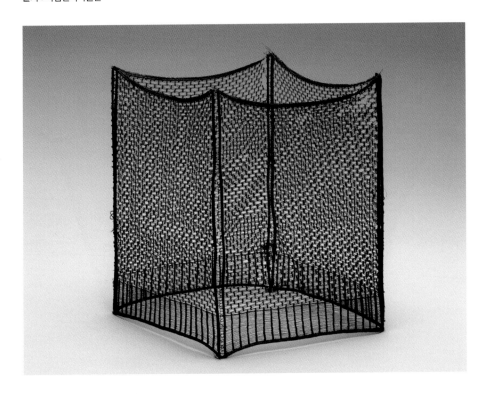

　조선 시대 사대부나 유생, 선비들이 집 안에서 쓰던 관모로 말총이나 옷감으로
만들었다. 모양이 평평한 사각형에서 유래하여 방건 方巾 또는 방관 方冠 이라고
도 불렀다. 정수리 부분이 막힌 것과 트인 것 두 가지 형식이 있는데, 트인 것이 조
선 후기의 것이다. 외양은 전체적으로 단순, 소박하여 선비의 자기 절제와 검소함
을 잘 보여준다.

충정관
Head Dress for Confucians
忠靜冠 또는 忠靖冠
———
충정관을 쓴 서포 김만중
출처 : 대전광역시 문화재자료 제48호

중국에서 전래된 것으로, 『명사 明史』·『대명회전 大明會典』에는 충정관 忠靜冠으로, 『삼재도회 三才圖會』에는 충정관 忠靖冠으로 기록되어 있다. 조선 시대 예종 때 관례 전 세자의 두건으로 언급이 되었으나, 예관이 아니므로 사용되지 않았다. 그러나 사대부들 사이에서는 조선 중기 이후 평상시의 관으로 널리 사용되어 정착되었지만, 실제로 초상화나 기타 회화에서 충정관을 착용하고 있는 모습을 찾아보기 어렵다. 다만 위의 김만중[15] 金萬重의 초상화를 보면 그 자세한 형태는 알 수 없으나 모양으로 보아 중국의 『삼재도회』에 수록된 충정관과 비슷하다.❻

조선 중기 이후 사대부들이 관청을 출입할 때를 빼고는 항상 충정관을 썼다. 조선 중종 때 중국에서 전래하여 세자가 관례 전에 썼다는 기록이 있으나 그리 널리 사용되지는 않아 실물과 사진이 거의 남아 있지 않다.

———
15) 김만중 1637~1692 조선 시대의 문신으로 한글로 『구운몽』을 썼다.

상투관
Topknot Cover
上套冠
——
출처 : 국립민속박물관

다양한 모양의 상투관
출처 : 국립민속박물관

　　조선 시대 상투 위에 쓰는 작은 관으로 마포, 나무, 대나무, 가죽, 소뿔, 종이 등으로 만들었다. 작은 비녀를 꽂아 상투관이 움직이지 않도록 고정했다. 조선의 사대부 양반 계층은 상투를 가리고자 상투 위에 상투관을 썼다. 이는 무엇보다도 예의를 중시하고 상대방을 배려하는 유교 관습이자 선비들의 수식이기도 하다.

탕건
Inner Hat for Noblemen
宕巾

———

출처 : 국립민속박물관

조선 시대 관리와 사대부 양반층이 쓰던 관모로 당건 唐巾을 오역하여 탕건이
되었다. 탕건은 상투와 망건의 덮개인 동시에 갓 아래 받쳐 쓰던 건 巾으로 망건
과 함께 흘러내린 머리카락을 감싸고 상투를 가리기 위한 용도로 사용되었다. 탕

엘리자베스 키스-장기두기. 탕건을 쓴 남성과 작은 갓을 쓴 남성이 장기를 두고 있다.
출처 국립민속박물관

건은 손님을 맞거나 독서를 할 때 관의 구실을 하며 탕건 위에 왕관 모양의 정자관을 쓰기도 한다.

본래 머리에 쓰는 것을 좋아하여 두건을 쓰던 조선인들이 중국의 복두나 사모를 본떠 탕건을 만든 것으로 추정된다. 탕건은 대나무나 말총을 엮어서 만들었기 때문에 착용하는데 부담을 주지 않고 쉽게 망가지지도 않는다. 형태는 뒤가 높고 앞이 낮아 턱이 져 있고 모정은 반원형으로 평평하다. 평안도 정주에서 생산된 것이 유명하며 조선 말기에는 제주도에서 많이 제작되었으나 단발령 이후 탕건의 수요가 급속히 줄었다.

망건
Men's Headband
網巾

풍잠이 달린 망건
출처 : 국립민속박물관

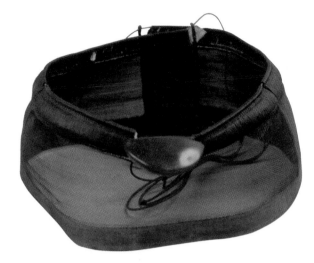

　남자들이 상투를 틀 때 머리카락이 흘러내리지 않도록 이마에 두르는 장식용 관모이다. 말총으로 그물같이 짰다고 하여 망건이라 하였다. 망건의 부속품은 머리를 돌려 묶는데 필요한 관자와 갓이 벗겨지는 것을 방지하고자 달아 놓은 풍잠이 있다. 양반가에서는 꽁꽁 졸라맨 망건으로 두통을 견디지 못한 꼬마 신랑들이 풀어달라고 소동을 부리는 일이 잦았다.

　이덕무는 그의 저서 『사소절』에서 선비의 망건 사용법을 조목조목 예시하고 있다.

> 망건이란 머리털을 싸매기만 하면 되느니, 바짝 죄어 매어 이마에 눌린 흔적이 있게 해서는 안 되고, 느슨하게 매서 귀밑에 흩어진 털이 있게 해서도 안 된다. 그리고 눈썹을 눌리게 매지도 말고, 눈꼬리가 위로 치켜들게 매지도 말라.

　조선 선비들이 의관 정제에 얼마나 정성을 기울였는지 이 글을 통해서 알 수 있다.

감투

A Horsehair Cap worn by Officials

——

출처 : 국립민속박물관

탕건과 비슷하나 턱이 없이 밋밋하고 말총이나 가죽, 헝겊으로 만들었다. 고려 때에도 착용하였으며 조선 후기에는 솜을 넣어 방한용으로도 착용했다. 총감투· 죽감투· 노감투· 오소리감투 등이 있으며 조선 시대에 '감투 썼다.'라는 말은 벼슬 길로 나가는 것을 말했다. 이 말은 지금도 통용되고 있다.

복건
Hood for Confucian & Children
幅巾 또는 幞巾
—

출처 : 국립민속박물관

중국 고대부터 관을 대신하여 사용하던 간편한 남성용 쓰개였다. 옷감 한 폭을 이용하여 만들었다고 하여 한자로는 '폭건 幅巾'으로 쓰나 복 福이라는 음을 빌려 '복건'으로 발음한다. 뒤통수 부분은 약간 둥글게 하여 이마 부분에 주름을 잡고 귀 위치에 끈을 달아 뒷머리에서 묶어 고정했다.

복건은 특히 유학자의 상징으로 여겨지는 건으로 사대부, 유생들이 심의[16] 深衣나 학창의[17] 鶴氅衣를 입을 때 즐겨 착용하였으나 그 모양이 이상하다 하여 점차 사용이 줄어들었다. 조선 말기에는 소수의 유학자만이 사용하였고 어린아이의 돌에 장식용 쓰개로 널리 쓰였다. 오늘날에도 아동의 돌잔치에 간혹 보인다.

16) 유학자가 입는 옷으로 몸을 깊이 감싸는 형태로 되어있어 심원한 느낌이 들어 심의라 부른 것으로 추정한다.
17) 고려·조선시대 사대부들이 착용한 긴 한복이다. 창의의 일종으로 소매가 넓고 옷깃과 솔기 부분에 검은 헝겊을 넓게 둘렀다. 고종 20년에 착용이 금지되었다.

유건
Confucians Hat
儒巾
—
출처 : 국립민속박물관

    유생들이 착용하던 실내용 두건으로 도포에 착용했다. 검은 베나 모시, 무명
등으로 만든 실내용 관모였으나 유생들이 노상에서도 유건을 썼으므로 이를 금할
수가 없었다는 기록이 있다. 유생들이 신분을 드러내고자 외출 시에도 착용한 것
으로 보인다. 유건 위에 다시 관모를 쓰기도 했다. 양쪽 귀를 접으면 민 民자 모양
이 되어 민자건 民字巾이라고도 한다.

유건
Confucians Hat for the Period of Mourning
儒巾
———

출처 : 국립민속박물관

조선 시대 유생들이 상사 喪事때 착용하던 두건으로, 거친 삼베로 만들었다.

복두
Old Official Hat
幞頭
——
출처 : 문화원형백과

　　조선 시대에 관리들이 공복에 착용한 관모로 사모의 원형이며 비슷하다. 모부가 2단으로 턱이 져 앞턱이 낮으며 모두는 평평하고 네모지게 만들어 좌우에 각角을 부착하였다. 복두는 원래 중국에서 생겨난 관모로 후주 때부터 사용되었던 오래된 관모이다. 사모가 보편화 되면서 점차 밀려나 유생이 과거를 볼 때나 장원이 되었을 때 급제 관복으로 어사화를 꽂아 착용했다. 악공의 복식에 사용되어 오늘날에도 국악연주에서 그 모습을 볼 수 있다.

맨 왼편의 박을 연주하는 악공이 복두를 쓰고 있다.

치포관
Confucians Hat for daily life
緇布冠

출처 : 이화여자대학교 담인박물관 소장

조선 시대 유생들이 평상시에 심의를 입고 머리에 쓰던 작은 관모로 치포건 또
는 상투에 씌우는 작은 관이라고 해서 상투관이라 부르기도 한다. 망건을 쓴 위에
덧쓴 후 그 위에 비녀를 꽂아 상투를 고정하는 것으로, 머리 정돈의 용도 외에 머
리 장식을 위해 사용되었다.

장보관
Nobleman's Hat for official use
章甫冠
———

장보관을 쓴 전우 田愚 1841~1922
출처 : 부산박물관

　조선 시대에 관직에 있는 사람들이 평상시에 착용했던 관으로 재료는 검정색 삼베를 사용했다. 형태는 내모 內帽가 있고 뒤에서 앞부분에 이르기까지 내모를 둘러싸는 외모가 있다. 이런 형태의 목적은 위엄을 드러내기 위함이다. 처음에는 장보건으로 불렸으나 선비들이 스스로 격을 높이고자 장보관으로 고쳐 불렀다.

와룡관
Nobleman's Hat for normal life
臥龍冠

와룡관을 쓴 흥선대원군

출처 : 서울역사박물관 소장

조선 시대 사대부들이 쓰던 관으로 중심이 높으면서 세로로 골이 진 모양이다. 제갈량이 썼다고 하여 그의 별호를 따서 와룡관 또는 제갈건으로 부른다. 중국에서 전해질 때의 초기 와룡관은 대오리로 짜거나 혹은 말총을 엮어 바나나 다발 같이 만든 검은색 관이었다. 사대부들이 평상시 집에서 일상을 보낼 때 쓰던 관이다.

무관·군사용

전립
Soldier's Felt Hat
戰笠 또는 氈笠
—

무관용 전립
출처 : 국립민속박물관

　무관과 병사들이 전시에 쓰는 군모를 전립 戰笠이라 불렀다. 전립은 짐승의 털로 다져서 만들어졌다고 해서 전립 氈笠 또는 모립 毛笠이라 부르기도 한다. 원래는 북방 호족의 것인데 언제부터 우리나라에서 사용되었는지는 확실치 않다. 높은 품계의 무관들이 쓰는 전립은 품질이 좋은 털로 만들며 모자의 꼭대기에 금 또는 은으로 만든 정자 頂子를 품계와 직위에 맞추어 달았다. 이에 비해 벙거지 혹은 벙테기라고 부르는 하급 병사들의 전모는 주로 조잡한 돼지털로 만들며 별다른 장식도 없다.❼ 전립은 전투 중에 쓰는 군모이기 때문에 화살촉이 쉽게 뚫지 못하도록 촘촘하고 두텁게 만들었다.

왕의 전립
출처 : 국립민속박물관

　고위 무관들의 전립에는 모정에 공작 깃을 달았으며 특히 왕의 전립 정면에는
왕을 상징하는 용 무늬를 새긴 원형의 밀화 蜜花 장식을 달며, 대우와 양태의 연
결 부위에는 붉은색 끈을 여러 겹으로 꼬아 둘렀다.
　병자·정묘 호란 이전에는 무관들의 전유물이었으나, 호란 胡亂 이후에는 사대
부까지 착용하여 널리 사용하게 되었다. 조선 중기 이후 전쟁이 없는 평화의 시대
가 지속하면서 전립은 가볍고 사치스러운 재료로 제작되어 전투용이나 무관용이
라는 본래의 목적을 잊고 말았다.[8]

백전립
Soldier's Felt Hat for the Period of National Mourning
白戰笠
——

출처 : 국립민속박물관

　　돼지 털을 두들겨 만든 상모 喪帽로, 조선 후기에 국상이 있을 때 무관이 착용했던 전립이다.

주립
Official Red Hat
朱笠
——

출처 : 국립민속박물관

　붉은 갓, 주립 朱笠은 당상관 이상
의 무관이 융복[18] 戎服을 입을 때 착용
하는 모자로 가는 대오리로 만들어 붉은 색
칠을 한다. 형태는 흑립과 같고 모정에 정
자를 달았다. 모부 좌우에 호랑이 수염(호
수)을 달았지만, 호랑이 수염이 귀했으므로
보리 이삭으로 대신했다. 조선 초기에
는 문무 당상관이 착용했으나 품
위가 없다 하여 조선말에는
무당이 쓰는 모자로 전락
하고 말았다.

——
18) 무관이 전투할 때 입었던 옷으로 때에 따라 문관도 착용했음

첨주
Soldier's Helmet in Bronze or Steel
簷冑

———

출처 : 부산광역시립박물관

첨주는 고려 말에서 조선 중기까지 사용된 철제 투구다. 둘레 전체를 따라 비교적 긴 챙을 달았으며 상모와 목끈을 달아 장식이 화려하다. 중세기 초의 유럽 병사들이 썼던 청동이나 철제로 된 챙이 넓은 헬멧인 케틀 햇 Kettle Hat과 유사하다. 그러나 투구 모양이 일정치 않으며 유물에 따라서 챙이 길기도 하고 짧기도 하다. 첨주는 갑옷과 함께 착용하는 청동제 주물이나 철제 투구이다. 연세대박물관과 육군박물관, 부산광역시립박물관에 유물이 소장되어 있다.

원주
Soldier's Helmet
圓胄
——

국조오례의에 기록된 원주형 투구
출처 : 문화원형백과 참고

　　첨주형 투구와 비슷한 모양이나 챙이 없으며 철판을 붙여 만든 것이 아니라 통
으로 만들어진 투구이다. 첨주형 투구는 고위급 지휘관이, 원주형 투구는 하급 병
사들이 착용했던 청동제 또는 철제 투구로 오늘날의 군인용 철모와 비슷한 모양
이다. 국내에서 유물은 발견되지 않았으나 국조오례의 國朝五禮儀에 그림으로 남
아 있다.

면주
Commander's Helmet in Cotton
綿冑
——

출처 : 육군박물관 소장

　무명을 여러 겹으로 겹쳐서 만든 투구이다. 면주의 감투 부분에는 쇠로 만든 틀을 씌웠고 정수리 부분에는 간주를 달았던 것으로 보인다. 보통 무명 갑옷에 무명으로 만든 면주를 착용했으며 면주 역시 간주형 투구와 같이 최고 사령관 또는 고위급 지휘관이 착용했던 것으로 추정된다.

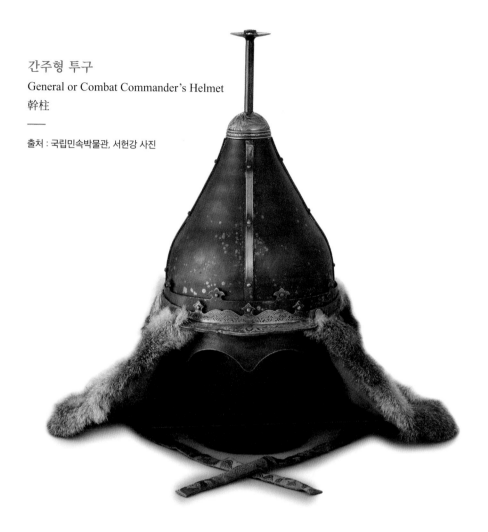

간주형 투구
General or Combat Commander's Helmet
幹柱

출처 : 국립민속박물관, 서헌강 사진

　투구하면 많은 사람이 조선 시대의 대표적인 투구로 떠올리는 것이 간주형 투구이다. 투구의 좌우와 뒤에 목을 보호하는 긴 드림이 드리워져 있다. 투구의 모정 부위에 기다란 간주가 있으며 이를 받쳐주는 개철 蓋鐵이 있다. 간주 끝에는 삼지창과 두툼한 상모가 달려있고 이마 부위에는 폭이 좁은 챙과 이마 가리개가 있다. 간주형 투구는 철로 만드는 것이 보통이나 가죽으로 감투를 만들기도 한다. 장군 또는 최고 지휘관들이 착용했던 투구이다.

두석린 투구
General's Helmet
豆錫鱗

정조대왕이 행차때 썼던 투구
출처 : 온양민속박물관 소장

  원수급 장군이 썼던 투구로 전·후면에 봉황을 투조하여 붙이고 반구형의 정개에는 당초문을 투조한 두석린피주 豆錫鱗皮冑이다. 그 위에 간주를 세우고 홍모를 늘였으며 맨 꼭대기에 삼지창이 날카롭게 뻗어 있다. 투구는 검은색 가죽으로 만들며 아랫부분에는 드림이 양쪽 귀 부분에 두 개, 뒤 목 쪽에 한 개가 부착되어 있어 귀와 목을 보호한다. 챙은 놋쇠로 반월형을 이루고 있고, 챙 밑으로는 이마가리개를 만들어 정면에 원수 元帥의 표시를 하였다.

  사진은 정조대왕이 행차 때 썼던 투구로 왕을 상징하는 용으로 투구를 장식한 화려한 모습이다.

두정 투구
General's Helmet
豆頂
———
출처 : 화성시역사박물관

　원수용 투구로 전·후 좌·우에 용과 봉황 무늬가 부조되어 있는 용봉문 두정피주 豆頂皮胄이다. 이마 가리개에는 원수라는 글자를 향해 용이 날아드는 형상이 새겨져 있고 간주 끝에는 날카로운 삼지창이 있다.

등두모 또는 등투구
Wisteria Helmet
——

등두모 또는 등투구
출처 : 육군박물관 소장

　마치 삿갓을 연상시키는 하급 군사용 투구로 임진왜란 때 왜군 병사가 썼던 투구와 비슷하다. 흥선대원군 집권 시기에 열강의 침략에 맞서 군비 강화책으로 만들어진 것으로 보인다. 이 투구는 본래 중국 남부지방의 병사들이 사용하는 투구로 등나무 가지로 엮어 만들었기에 등두모 또는 등투구라고 부른다. 등나무로 만들어져 전투 시 병사들의 머리를 충분히 보호할 수 있을 만큼 견고하다.

❶ 서양인이 본 조선 말기 남성 모자, 최재영, 2011 p.72~73 참조

❷ 위의 논문, p.32 참조

❸ 금단의 나라 조선, E. 오페르트, 신복룡, 장우영 공역, 집문당, 2000, p.111 인용

❹ 조선 왕조 단종실록 2년 12월 10일 기사 참조, 예종실록 1년 윤이월 3일 기사 참조

❺ 내 기억 속의 조선, 조선사람들, 퍼시벌 로웰, 조경철 역, 예담, 2001, p.272 인용

❻ 한국민족문화대백과사전 http://encykorea.aks.ac.kr/Contents/Item/E0058191 참조

❼ 한국민족문화대백과사전 http://encykorea.aks.ac.kr/Contents/Item/E0049389 참조

❽ 왕의 복식, 유희경, 김혜순 공저, 꼬레알리즘, 2009 176~177 쪽 참조 또는 인용

제5-3장

궁중 의식에서는
어떤 모자를 썼을까?

각건
Dancer's Head Dress
角巾

———

출처 : 한국복식문화사전 참고

　　조선 시대 궁중무용 의식을 베풀 때 춤을 추는 무동들이 머리에 쓰던 복두의
하나로 예장용 모자이다. 베 布로 만들며 모부가 위로 갈수록 비스듬히 각이 져
있어 각건이라 부른다. 순조 때 『진찬의궤』의 기록으로 보아 각건은 조선 후기까
지 사용된 것으로 보인다.

진현관
Musician's Head Dress
進賢冠
———
출처 : 문화원형백과 참고

조선 시대 아악의 문무[19] 文舞를 추는 악생 樂生이 썼던 관모이다. 종이를 여러 겹 붙여 만들어 테두리에 철사를 넣고 모자 전면에 고운 황색으로 선을 그려 넣은 뒤 파랑색 명주끈을 달아 턱에 맨다.

종묘제례에서 문무를 추는 악생들(한상현 사진)

———
19) 종묘와 문묘의 제향에서 여러 사람이 줄을 지어서 추는 춤

개책관
Musician's Head Dress
介幘冠
——

출처 : 문화콘텐츠닷컴 참고

조선 시대 아악과 속악의 악공이 쓰던 관이다. 종이를 배접하여 만들며 속에 가는 베를 붙인 후 안팎에 검은 칠을 한다. 세종실록 15년 3월 기사에 따르면 그동안 악공들이 쓰던 흑포 두건을 쓰지 말고 당·송의 제도에 따라 개책관으로 바꿔 쓰게 했다.

종묘제례에 입장하는 악공들(한상현 사진)

아광모

Musician's and dancer's Head dress

砑光帽

———

출처 : 한국복식문화사전 참고

조선 시대에 국빈을 대접하는 연향 宴享 시에, 무동이 궁중 무복과 함께 착
용하던 모자로 형태는 사모와 같으나 뒷 통이 높고 뒷 통 정면에 비단으로 선을
댄다.

오관
Musician's Head Dress
烏冠
———
출처 : 문화원형백과

　　조선 시대 제향 때 악공들이 쓰던 검은 관이다. 종이를 배접하여 검은 칠을 하
고 안에는 고운 베를 발라 만든다. 앞면에는 녹색 잎을 그려 넣고 붉은 꽃을 만들
어 꽂았으며 뒷면에는 꽃과 잎을 그리고 홍색 마래기(말액)를 모자 뒤에서 매어 늘
어뜨렸다.❶

화화복두
Musician's and Dancer's Head Dress
花畵幞頭
—

출처 : 국립민속박물관

　　궁중에서 연회 시 악공과 무동이 쓰는 복두로 두 턱이 진 네모꼴의 몸통 앞면
에는 꽃이 수 놓여 있고 양쪽에는 각을 달았다.

가동용 초립
Musician's Straw Head Dress
歌童用 草笠
——
출처 : 한국복식문화사전 참고

　조선 시대 궁중에서나 국왕이 행행 行幸 도중에 주악을 베풀 때 가동[20] 이 쓰
는 초립으로 주황색 풀로 만들어 공작 깃털을 꽂았다.

——
20) 조선 시대 장악원에 속하여 노래를 부르던 소년

❶ 한국복식문화사전, 김영숙, 미술문화, 1998 참조

제5-4장

서민들은
어떤 모자를 썼을까?

서민들은 대나무를 잘게 잘라 만든 패랭이와 초립, 말꼬리로 만든 마미립 등을 착용하므로 양반층이 사용했던 모자와는 구별된다. 조선의 평민은 외출 시에는 대나무로 만들어진 모정이 둥근 패랭이를 썼다. 패랭이는 모자의 모정부터 양태까지 단번에 완성하는 일체형이기 때문에 모정이 둥글다. 반면에 초립이나 흑립은 대우와 양태를 따로 만들어 조립한다. 따라서 제작 기술의 진보로 패랭이가 개선되어 초립으로 진화했고 초립이 더욱 진화하여 갓으로 정착했음이 확실하다.

대패랭이
Bamboo Hat
___
출처 : 국립민속박물관

　대패랭이는 양태의 끝부분부터 모정까지 이음매 없이 완성하는 일체형 모자이다. 조선 시대의 패랭이는 성종 대까지 대나무의 굵기와 촘촘한 조직에 따라 사용자가 정해졌다.[21] 양반은 가는 굵기의 대나무로 촘촘하고 곱게 짜진 패랭이를 쓰고 서민은 이와 반대로 거칠고 성기게 짜진 패랭이를 썼으나 조선 중기 이후부터는 신분의 상하를 구분하지 않고 사용하게 되었다.

　대패랭이는 대나무를 쪼개고 다듬어 모자골[22]에 맞춰 엮어 만든다. 대나무의 겉껍질로 만든 것은 단단하고 탄력이 있으며 외형도 아름다워 상등품으로 치나, 속껍질로 만든 것은 여리고 썩기 쉬워 하등품으로 친다. 서민층에서 남녀노소 가리지 않고 쓰던 모자로 가볍고 통풍이 잘되어 무더운 여름철에 많이 썼다.

___
21) 성종 16년(1485)에 완성된 경국대전에 의하면 양반은 50죽, 평민은 30죽으로 규정되어 있다.
22) 갓이나 패랭이를 만들 때 사용하는 모자 형틀이다.

패랭이

Bamboo Hat

平凉子

———

출처 : 국립민속박물관

뜨거운 햇빛을 가려 시원하게 해주는 모자라는 의미로 평량자 平凉子 라고도 부른다. 패랭이는 굵은 대오리로 성글게 엮어 만든 것으로 흑립과 달리 모정 帽頂 이 둥글고 양태가 좁다. 흑립의 형태로 정착되어가는 과정의 초기 단계에 나타난 것이다. 점차 흑립이 양반의 전유물이 되고 평민은 초립을 사용하게 되었으며 패랭이는 역졸, 보부상, 백정 등 하층계급의 차지가 되었다. 패랭이는 본래의 대나무 색 그대로 사용했으나 역졸은 검은 칠을 한 패랭이를 썼으며 특히 보부상은 패랭이 양쪽에 흰 목화솜을 달아 자신의 신분을 나타내기도 했다. 때로는 상주가 외출 시에 두건 위에 착용하기도 했다.

여기서 한 가지 눈여겨볼 것은 국법으로 패랭이를 착용토록 하층민을 강제하지 않았는데도 하층민들이 자신의 신분을 숨기지 않고 떳떳하게 패랭이를 착용한 점이다. 조선이 성리학적 신분 사회임에도 불구하고 양반들이 단지 신분이 낮다는 이유만으로 상민들을 탄압할 수 없었기 때문이다. 따라서 대부분 하층민은 국법을 어기면서까지 신분을 속이거나 위장하여 스스로 위험에 빠지려 들지 않았다. 달리 말한다면 비록 하층민으로 태어났지만, 그들은 어찌할 수 없는 태생적 운명을 받아들이고 체념했기 때문이리라.

초립
Straw Hat
草笠
—

출처 : 국립민속박물관

초립은 가는 왕골이나 대오리를 엮어 만든 쓰개로 패랭이와 비슷하게 보이지만 더욱 진일보한 것으로 대우 상부가 각이 져 모정이 평평하다. 보통 신분이 낮은 사람이 초립을 쓰는 것으로 알려져 있으나, 조선 초기에는 신분과 계층을 구별하지 않고 사용했다. 단지 초립을 만들 때 사용하는 대나무의 곱고 거침에 따라 양반용과 서민용으로 구별했다.

조선 중기 이후에는 관례를 마쳤으나 장가들지 않은 소년들의 관모로 많이 사용되어 이들을 초립동 草笠童 이라고도 불렀다. 초립은 색깔에 따라 황 초립, 흑 초립, 자 초립으로 구별 지었다. 초립은 가는 풀이나 대오리 竹絲를 엮어 만들며 사족은 50죽, 서인은 30죽을 쓰도록 했다. 여기에서 죽이라 함은 초립의 곱고 거침을 나타내며 이것으로 신분을 구별하였다. 초립은 양태가 갓에 비해 좁고 가장자리가 위로 약간 휘어져 올라갔다. 또한 모부가 좁으므로 머리에 얹어놓을 정도이다.

벙거지
Felt Hat
——
출처 : 국립민속박물관

　주로 돼지의 털을 다져서 일정한 틀에 넣어 장식없이 만든 전립 氈笠의 하나이
다. 조선 시대 관노나 하졸배가 검은 옷을 입고 착용했으며 벙테기 또는 병립 兵
笠 이라고도 불렀다. 풍물놀이에서 상모를 돌리는 상모잽이가 쓰는 모자도 벙거
지의 일종인 전립이다.

정당벌립

Hat from Jeju Island

———

출처 : 국립민속박물관

　제주도에서 농부나 목동들이 주로 썼던 챙이 매우 넓은 쓰개이다. 재료는 한라산에 자생하는 댕댕이 덩굴을 말려 실처럼 만들고 이를 다시 촘촘하게 결여 만든 것이다. 멕시코 솜브레로[23] Sombrero 와 비슷하나, 머리가 모자 속으로 푹 들어가지 않고 머리 윗부분에 얹히게 만들어 상투를 보호한다. 원시림이 무성한 한라산을 누비며 살았던 제주도 사람들의 머리를 보호하는 안전 모자로 생활에 적합하다.

————

23) 멕시코 · 스페인 · 아메리카의 서부에서 많이 사용되는 챙이 넓고 모부가 높게 솟은 모자를 말한다. 보통 보리 짚이나 펠트 등으로 만든다.

방립
Conic Hat
方笠
—

출처 : 국립민속박물관

머리를 깊게 덮은 방립은 우산 모양을 하고 있어서 얼굴을 숨기려는 사람에게는 최고의 은신처로 사용되었다. 비나 햇빛을 막거나 상喪중의 상제가 외출할 때 착용하던 쓰개로 방갓이라고도 한다. W. E. 그리피스는 방립을 이렇게 말하고 있다.

방립을 쓴 일상복 차림의 남성
1911년 Roy Chapman Andrews촬영
출처 : 국립민속박물관

사람들이 머리는 물론 얼굴까지 덮는 방립을 쓸 때면 그들은 세상과 절연한 것이나 다름이 없어 말을 붙이는 사람도 없고 성가시게 구는 사람도 없으며, 심지어는 죄를 지어도 잡아가지 않는다. 이 방립은 기독교인들에게 구원의 모자와 같아서 오랫동안 변복을 하고 다녔던 선교사들이 어떻게 해서 안전할 수 있었는가를 설명해준다.❶

겉은 대오리로 엮고 안은 왕골로 만들었다. 삿갓과 비슷하나 네 귀가 둥근 꽃잎 모양으로 움푹 들어가 넉 장의 꽃잎처럼 보인다. 안에는 미사리[24]를 받혀 머리에 얹을 수 있게 하였다. 신라와 백제에서 서민들이 사용했다고 해서 나제립 羅濟

24) 삿갓이나 방립 안에 대나무로 만든 머리 받침대

쏜이라고도 하며 고려 시대에는 일부 관인과 서리가 사용했다. 조선 시대에는 향리가 흑죽방립 黑竹方笠을 썼으며, 상제들이 많이 썼다 하여 상립 喪笠이라 부르기도 했다. 서양인들의 눈에는 방립이 꽤 독특하게 보였는지 '거대한 피라미드' '상제의 모자' '우산 모양의 거대한 모자' '바구니 모양의 모자'라는 이름으로 방립을 표현하고 있다.

삿갓
Conic Hat

———

출처 : 국립민속박물관

조선 시대 남성의 쓰개로 대오리나 갈대로 우산 모양을 만들어 햇빛이나 비를 피했다. 삿갓은 최상부인 꼭지부터 뾰족하게 엮는데 엮어 나갈수록 점점 챙이 넓은 원추형이 되어 사람 얼굴을 가릴 정도가 된다. 마지막 가장자리를 육각 또는 팔각으로 모양을 낸다. 부녀자들이 외출할 때 내외용으로 사용하기도 했다.

삿은 삿자리의 준말로 갈대를 자리처럼 엮어 만든 갓이라는 데에서 유래했다. 농립 農笠, 우립 雨笠이라고도 하며 승려들이 쓰는 대삿갓, 부녀자들이 쓰는 부녀 삿갓, 여승이 쓰는 가느다란 대살로 만든 세삿갓이 있다. 삿갓의 가장자리가 육각형이 되도록 처리하고 안에는 미사리를 받혀 머리에 썼다.

독일의 E. 오페르트는 그의 저서에서 삿갓과 방립의 모양, 재료와 쓰임새를 소개하고 있다.

이 모자는 햇볕과 비를 충분하게 막아 주며 철사줄을 엮어 놓은 듯이 주름이 매우 곧다. 조선사람들은 때때로 거친 밀짚을 엮어 만든 항아리 모양의 매우 넓은 또 다른 종류의 모자를 쓰기도 한다. 이것은 인도와 중국에 거주하는 유럽인들이 쓰고 있는 그로테스크 풍의 모자와는 전혀 다르다.❷

갈모
Umbrella Hat
葛帽

———

출처 : 국립민속박물관

비가 올 때 갓 위에 덮어쓰던 우장으로 원래는 갓모, 우모 등으로 불렸으며 펼치면 위가 뾰족하여 고깔 모양이 되고 접으면 쥘부채 모양이 된다. 기름을 먹인 갈모지를 접어 칸마다 대오리로 만든 살을 넣고 꼭대기에는 꼭지를 달았다. 갓 위에 쓰고 안의 양쪽에 달린 끈으로 턱에 고정했다. 언제부터 쓰였는지는 확실치 않으나 기록으로 보아 조선 중기부터 일반화된 것으로 추정한다. 초기에는 고가의 갓을 보호하기 위함이었으나 점차 우천시에 널리 사용하게 되었다. 조선을 방문한 서양인 가운데 독특한 형태의 갈모에 관해 기록을 남긴 이들이 많다.

이사벨라 B. 비숍은 그녀의 저서 『조선과 그 이웃 나라들』에서 갈모를 설명하고 있다.

> 갓은 비에 젖으면 망가지기 때문에, 도포 소매 안에 갓에 씌울 방수 모자를
> 넣지 않고서는 감히 밖으로 나갈 생각도 하지 않았다.[3]

갈모는 갓을 보호하는 것이 본래의 목적이었지만, 옷이 젖는 것 또한 막을 수도 있었다. 어떤 목적이든지 간에 갈모는 비를 피하고자 우산을 들고 다녀야 하는 번거로움을 없애는데 안성맞춤이지 않은가? 서양인들은 갈모를 처음 보고 그 모양에 박장대소하다가 세밀히 관찰한 뒤에는 독창적이며 편리한 갈모의 기능에 감탄했다. 퍼시벌 로웰도 갈모의 독창성에 매료당한 사람중의 하나이다.

> 짙은 노란색 유지로 된 원추형인 이 우산은 양쪽에 달린 줄을 턱 아래서 매
> 듭지어 고정하는데, 기특하게도 아주 작은 반원 모양으로 깔끔하게 접히기
> 때문에 날씨가 맑을 때면 신비하게 소매 속으로 사라진다.[4]

눈오는 밤-폴 자쿨레. 갈모를 쓴 남성
국립민속박물관

이외에도 갈모를 오페르트는 '깔때기' 윌리엄 칼스는 '노란 기름종이의 덮개'
새비지 랜도어는 '부채 모양의 기병대 우산 모자' 콘스탄스 테일러는 '기름종이
모자'로 부르기도 했다. 이들은 갈모를 말할 때 이구동성으로 한국인의 재기발랄
한 창의력을 강조했다.

지삿갓
Rain cover with oiled paper
紙삿갓

———

출처 : 국립민속박물관

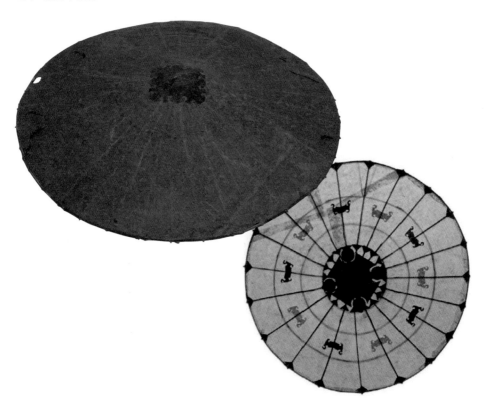

　기름을 먹인 한지로 만든 삿갓으로 우산처럼 손으로 잡고 사용하였다. 그림에
서 보는 바와 같이 대오리를 엮어 형태를 만든 후, 그 위에 한지를 바른 다음 기름
을 먹였다. 지삿갓은 지름이 1m 이상이라 아이들 셋이 함께 쓸 정도로 대단히 커
서 농부들이 일할 때 등에 얹어 묶어서 사용했으며 주로 경상도 안동지방에서 널
리 사용되었다.

송낙
Buddhist Monk's Hat
松蘿 또는 송라립 松蘿笠
———

출처 : 국립민속박물관

소나무 겨우살이를 촘촘히 엮어서 만든 승려의 고깔형 모자이다. 윗부분만을 엮고 나머지는 그대로 늘어뜨렸다. 정수리 부분이 약간 뚫려있고 접부채와 같이 접어서 보관할 수 있다. '승려모' 라고도 부르는 소박하고 머리를 보호할 수 있는 모자이다. 다니엘 기포드는[25]는 송낙을 "바가지 모양의 노란 거지 모자"로 표현했는데 이는 집마다 들러 탁발 托鉢을 하는 승려의 모습을 보고 한 말인 것 같다.

———
25) 다니엘 L. 기포드 Daniel L. Gifford 1861~1900 미국 북장로교 선교사

말뚝 벙거지
—
출처 : 한국복식문화사전 참고

　갓 모양의 관모로 모부가 보통
벙거지보다 높고 뾰족하며 챙이
넓다. 조선 시대에 노복이나 가마
를 메는 하인들이 썼으므로 이 모
자도 역시 신분을 구별하는 용도
의 관모라 할 수 있다.

깔때기 전건
戰巾
—
출처 : 한국복식문화사전 참고

　조선 시대 의금부의 나졸이나
형조의 패두(병사 인솔자), 형 집행
자가 쓰는 뾰족한 건이다. 두꺼운
종이로 고깔 비슷하게 접어서 앞
쪽에 넓적하고 두꺼운 종이판을
세워 붙이고 검은 칠을 하였다.

효건·굴건
Chief Mourner's Hats for Funerary Service
孝巾·屈巾
—
출처 : 국립민속박물관

　상주가 착용하는 건으로 상복의 두건 위에 겹쳐 쓴다. 거친 삼베를 거칠게 바느질하여 만든다. 상주는 허리에 요질을 한 상복을 입고 죽장을 짚는다. 굴건은 조선 시대를 지나 해방 이후에도 많이 사용되었다.

수질
Men's & Women's Headband for Funerary Service
首経

출처 : 국립민속박물관

상복을 입을 때 머리에 두르는 둥근 띠로 삼과 짚을 꼬아서 만들어 남자는 굴
건과 함께 쓰고 여자는 수질만 쓴다.

굴립
Buddhist Monk Hat
屈笠
—
출처 : 한국복식문화사전 참고

　　승려들이 쓰는 방립으로 검은 대나무로 만들었다. 모부가 둥글고 챙이 넓은 형
태이다. 조선 시대에 승려인 무학과 유정이 착용하였다. 이유원은 불립 佛笠이 굴
립으로 변했다고 기록했다.

돌모
Dancing Men's Conic Hat
——
출처 : 한국복식문화사전

　　농악군이 농악무를 출 때 쓰는 전립 모양의 갓이다. 전립보다 상모[26] 象毛를
길게 만든 것이 특징으로 상모를 돌린다고 하여 돌모라고 부른다. 요즘은 흔히 상
모라고 부른다.

——
26) 술이나 이삭 모양으로 만든 붉은빛의 가는 털. 삭모로 표기하기도 한다.

도롱이
Straw raincoat

Brave Paysan이 촬영한 도롱이를 착용한 농부. 나막신까지 신고 있다.

CORÉE. - Brave Paysan en sabots avec son "imperméable"

도롱이는 조선 시대 농부들이 비가 올 때 착용하는 우장 雨裝으로 볏짚·보릿짚·밀짚·갈대·왕골껍질로 만든다. 어촌에서는 구하기 쉬운 해초를 이용하여 만든다. 안쪽은 재료를 촘촘하게 고루 잇달아 엮어서 마치 뜨개질을 한 모양이고, 겉은 층층이 치마처럼 풀의 줄거리를 아래로 드리웠기 때문에 빗물이 겉으로만 흘러내리고 안으로는 스며들지 않는다. 도롱이 상부의 양 끝에 끈을 달아 목에서 매는 경우가 대부분이나, 지역에 따라서는 안쪽으로 양쪽 팔을 끼울 수 있도록 적당한 위치에 끈을 달아서 입기도 한다.

농촌에서 비 오는 날 들일을 할 때 어깨와 허리에 걸치고, 머리에는 어깨너비 이상이 되는 커다란 삿갓까지 써야 완전한 우장이 되었다. 여름엔 우의가 되지만 겨울엔 방한용 덮개도 된다. 또한, 산이나 들에서 밤을 새울 때는 이불이 되기도 하여 서민들이 많이 사용했다.[5]

❶ 은자의 나라 한국, W.E. 그리피스, 신복룡 역, 집문당, 1999 p.361 인용

❷ 금단의 나라 조선, E. 오페르트, 신복룡 역, 집문당, 2000 p.111 인용

❸ 조선과 그 이웃 나라들, 이사벨라 B. 비숍, 신복룡 역, 집문당, 2000, p.349 인용

❹ 내 기억속의 조선, 조선 사람들, 퍼시벌 로웰, 조경철 역, 예담, 2001, p.269 인용

❺ 한국민속대백과사전, 국립민속박물관, 인용

제5-5장

조선 여인들은
어떤 모자를 좋아했을까?

조선의 여성용 쓰개는 넓게는 화관, 족두리, 난모와 같은 관모에서 좁게는 여성들이 외출할 때 얼굴을 가리는 용도의 내외용 쓰개까지를 모두 포함한다. 조선의 모자는 남성, 여성용 구별 없이 부여된 기능을 능률적으로 수행하는 실용성이 뛰어난 쓰개임이 틀림없다. 특히 화관과 족두리, 왕실의 적관 翟冠과 같은 예장용 쓰개는 예식에서 여성의 아름다움을 돋보이게 하는 장식적 기능이 뛰어났다.

남바위, 조바위, 아얌, 풍차, 볼끼, 굴레와 같은 난모는 추위를 막는 실용성에 더해 조선 여인의 소박한 아름다움을 돋보이게 하는 장식적 기능도 수행했다. 반면에 여성들의 외출용 쓰개인 장옷과 너울, 면사, 개두, 처네, 쓰개치마는 남녀 유별의 유교적 기능을 하는 내외용 쓰개[27]로 널리 사용되어 여성의 활동을 제한했다.

조선 시대의 여성용 쓰개는 남성용과 비교하면 쓰임새는 물론 그 종류에서도

---

27) 넓게는 머리에 쓰는 관모 冠帽부터 좁게는 여성들이 외출할 때 얼굴을 가리는 장옷까지 두루 포함한다.

많은 차이점이 있다. 유교 사상의 영향으로 남녀유별이 요구되었으므로 여성은 외출이나 사회활동이 극도로 제한되었다. 이런 이유로 여성용 외출용 쓰개는 남성용보다 다양하게 분화하지 못했다.

조선 정부는 풍속을 교화한다는 명분으로 남녀칠세부동석 男女七歲不同席과 같은 내외법 內外法을 여성의 일상생활에 적용했다. 이로 인해 부득이 외출하려는 여성은 너울이나 장옷과 같은 쓰개로 얼굴을 가리고 외출해야만 했다. 조선의 사대부, 양반, 유림이라는 주류세력은 가부장제를 확립하고 성리학적인 이상사회를 건설하고자 여성들에게 내외용 쓰개를 착용시켜 여성의 사회활동을 극도로 제한했다. 이들은 특히 삼강오륜의 남녀유별을 내세워 조선 여성들을 내외용 쓰개 안에 가두는 등 비인도적인 제도를 조선 왕조 내내 철저히 시행했다.

조선 조정은 성리학에 뿌리를 둔 가부장제 질서를 유지하기 위해서는 여성의 희생을 전제로 하는 이 제도가 가장 최선의 길이라 여겼던 것 같다. 하지만 이런 비인도적인 제도는 아이러니하게도 그들이 추구하는 성리학의 인본주의 이상과는 서로 모순되었다. 그런데도 완고한 조선의 주류세력은 남녀 내외법을 조선말까지 흔들림 없이 지켜나갔다.

이들 주류세력이 이렇게까지 가혹하게 여성의 권리를 제한했던 데에는 혹시 특별한 이유가 있지는 않았을까? 예를 들어 삼국시대와 고려 시대를 거치면서 상당히 고양되었던 페미니즘에 저항하려는 조선 시대 성리학적 마초 Macho들의 반동이 아닐까? 라는 의구심이 있다.

내외용 쓰개는 다른 쓰개와는 달리 조선 여성에게 요구되었던 고통과 인내의 상징이며 주류였던 성리학 세력이 여성의 인권을 제한하는데 동원했던 비윤리적인 도구이다. '조선 여성의 쓰개에는 여성을 보호하고자 하는 목적도 있었다.'라는 의견도 있으나, 전신을 덮는 조선의 내외용 쓰개는 탈레반 정권하에서 아프가니스탄 여성들이 쓰는 부르카[28] Burka와 조금도 다를 게 없다. 이런 논란의 옳고 그름에 대해선 독자들이 판단할 몫이다.

여기에 더해 여성의 신분에 따라 쓰개의 종류가 달라졌다. 이런 이유로 개인의 행동을 극도로 제한하는 쓰개임에도 불구하고 상류층 여성들의 쓰개는 서민층 여성에게는 선망의 대상이 되기도 했다. 너울이나 면사는 양반가에서만, 상민 여성들은 장옷을, 기녀나 의녀는 얼굴이 드러나는 전모 氈帽나 가니마[29] 遮額 등을 착용했다.

이상하게 들리겠지만, 상류층 여성은 얼굴과 몸을 가려 활동이 무척 불편한 쓰개를 착용했다. 이들은 노동이 필요치 않은 계층이기 때문이다. 그 시대의 서민층 여성들이 상류층 여성의 쓰개를 선망했다는 것은, 아무짝에도 쓸모없이 불편하기만 한 쓰개를 선망했다기보다 상류층 여성의 지위와 환경을 부러워했다고 봄이 옳지 않을까?

28) 머리부터 발끝까지 덮어쓰는 가장 보수적인 아랍 여성의 전통복식이다.
29) 조선 시대의 여성들이 가체 위에 쓰던 흑단으로 된 머리쓰개로 얼굴만 내놓고 이마와 정수리는 덮어쓴다. 가니마 加尼磨로 쓰기도 한다.

화관
Women's Ceremonial Coronet
花冠
——
출처 : 국립민속박물관

조선 여성의 의례용 관모로는 혼례나 연회에 착용하는 화관과 족두리가 대표적인 쓰개이다. 그러나 화관은 관모라기보다는 머리 장식품으로 품격과 미적 가치가 풍부하다. 조선 여성의 쓰개 가운데 가장 몽환적 외관을 하고 있어 관찰자의 상상력을 자극하기도 한다. 궁중과 반가에서는 의례용으로 대례복에 화관, 소례복에 족두리로 장식하고 민간에서는 혼례 때 원삼에 족두리를 썼다.

화관 역시 유산계급인 상류층과 서민층의 신분 차이를 뚜렷하게 드러내는 여성용 예관 禮冠이다. 영·정조 때 상류층에서 화관과 족두리에 금과 은, 주옥과 같은 장식으로 지나치게 호사를 부려 정조 12년(1788) 10월에 족두리의 칠보 장식을 금지했다.❶ 정조는 이 시기 특히 상류층 부녀자들의 사치 풍조를 바로잡고자 가체[30]를 금하는 가체금지령을 내리기도 했는데 이는 조선 조정의 여성 두발 단속령이라 할 수 있다. 이때 사치의 상징인 가체를 대체하는 예장으로 족두리와 화관을 권장했던 것은 허례허식을 지양하고 실리성을 추구하고자 하는 조선 후기의 실학사상이 반영된 것으로 볼 수 있다.

---

30) 자신의 머리 위에 얹거나 덧붙인 머리. 다리 또는 다래라고도 한다.

화관을 쓴 신부
엘리자베스 키스의 채색 목판화
「Korean Bride」

족두리

Women's Ceremonial Coronet

——

꾸민 족두리

출처 : 국립민속박물관

족두리는 조선 시대 부녀자들이 의식 때 예복에 갖추어 쓰던 예장용 관모로 고려말에 원나라에서 유래하였다. 족두리는 영·정조 때 반가와 여염에서 사용이 늘어 조선 여인의 수식품으로 정착했다. 상중일 때 쓰는 백 족두리를 제외한 거의 모든 족두리는 검은색 비단을 사용하여 아래는 둥글고 위는 여섯 모로 만들었으며 안을 솜으로 채웠다.

족두리 상판의 국화 무늬 옥 장식은 절개, 청초, 고결함을 상징한다. 족두리의 위, 중앙, 옆면에 칠보[31] 七寶, 밀화[32] 蜜花, 옥 등으로 화려하게 장식한 것을 '꾸민 족두리'라 하고 아무런 장식을 하지 않은 것을 '민 족두리'라 부른다. 속 재료에 따라 솜 족두리와 대나무 틀로 된 것을 각 족두리라 부른다.

『만기요람』과 『원행을묘정리의궤』의 기록에 따르면 부녀자의 머리 장식을 파는 족두리 전이 따로 있었으며 족두리는 서피 鼠皮로 만든 가죽신보다 값이 비쌌다.❷

영조 34년(서기 1758년) 1월에는 부녀의 머리 장식은 족두리만 허가하고 이외의 것은 엄금한다고 하였다.❸ 전제군주가 항간의 사치를 이유로 여염집 부녀자 머리 장식까지 간섭하는 조선 시대 군왕의 만기친람이 지금에 와서는 생경하기만 하다.

---

31) 금·은이나 구리에 갖가지 빛깔의 법랑을 붙여 새와 인물, 꽃을 세공한 것을 말한다.

32) 호박 琥珀이라는 보석의 일종으로 누른빛이 나며 내부에는 젖 송이 같은 무늬가 있다. 소나무의 송진이 오랜 세월 동안 열과 압력을 받아 화석이 된 것을 말한다.

민족두리
Women's Ceremonial Coronet
민 簇頭里
——

출처 : 국립민속박물관

족두리의 몸체에 아무런 장식을 하지 않아 정갈하고 단아한 모습을 보여준다.
사치스러운 족두리를 금하는 조정의 금령에 따라 자연스럽게 항간에 퍼졌던 머
리 장식이다. 종이를 두껍게 배접하여 아래는 둥글고 위는 약간 벌어진 모양으로
만든 후, 검은 비단 일곱 조각을 이어 감싸고 모정의 가운데에는 물방울 모양으로
마무리를 했다. 안에 솜을 채워 넣거나, 또는 비워두기도 했다. 조선 중기 이후에
많이 사용되었다.

전모
Women's Bamboo Hat
氈帽
———
출처 : 국립민속박물관

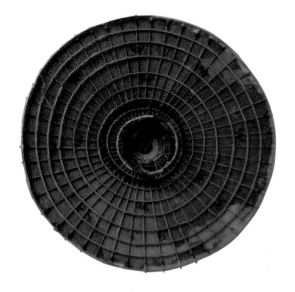

전모를 쓴 여인
혜원 신윤복 그림
출처 : 국립중앙박물관

   조선 시대 여인들이 바깥나들이를 하거나 말을 탈 때 쓰던 쓰개이다. 신윤복의 풍속도에서 보는 것처럼, 기녀들이 멋을 부리는 데에도 도움을 주었다. 형태는 우산처럼 생긴 테두리에 여러 개의 살을 대고 한지를 붙인 뒤에 기름을 덧칠하여 만들었다. 모정이 평평하고 안에는 머리에 쓸 수 있도록 둥근 틀인 미사리가 받치고 있어 착용해도 얼굴 전체를 가리지는 않는다.

   조선 말엽에는 전모에다 태극 문양이나 나비 등의 무늬를 넣어 장식성을 더했다. 이러한 문양뿐만 아니라 부·귀·수·복 등의 길상문을 새겨 기복을 전모에 담았다. 안에는 쓰기에 편하도록 머리에 맞춘 테가 있으며 그 테의 양쪽에다 색깔이 다른 끈을 달아 턱 밑에서 잡아매면 얼굴이 반쯤 가리게 된다. 따라서 남녀 사이의 내외용이라는 유교적 기능도 가지고 있다.

가리마
Women's Hat
加里亇
──

가리마를 쓴 기녀
출처 : 혜원 신윤복의
「청금상련」에서

조선왕조실록에 따르면 각 궁방의 무수리, 내의녀, 침선비[33] 針線婢와 각 영읍 營邑에 있는 기녀의 등위를 구별하고자 가리마를 쓰게 했다. ❹ 가리마는 65㎝가량 의 흑색 또는 자색 비단을 반으로 접어 두 겹을 한 후, 그 속에 두꺼운 종이를 배접 하여 만들기 때문에 얇은 책 모양을 하고 있다. 의녀는 견직물인 모단 冒緞이라는 직물로 만든 가리마를 쓰게 하고 다른 이들은 거칠고 두꺼운 검정 삼베(삼승포)로 만든 가리마를 쓰게 하여 차별을 두었다. 신윤복의 풍속화에 그려진 것으로 보아 정조 치세 때까지는 사용했던 것이 확실하다.

──
33) 궁중에서 바느질을 전담하는 노비

장옷
The Green Cloak

——

출처 : 국립민속박물관

장옷 입은 여인
혜원 신윤복 그림
출처 : 국립중앙박물관 소장

　조선 시대에 일반 부녀자가 외출할 때 얼굴을 가리는 내외용 쓰개로 장의 長
衣라고도 한다. 상류층에서 쓰던 너울 대신 간편하게 만들어 사용한 것이다. 상류
층에서는 쓰개치마를 사용하기도 했는데, 조선 말기에는 잘 지켜지지 않고 장옷
과 혼용되었다. 여자는 결혼 전까지는 장옷을 입지 못하며 초기에는 서민층의 부
녀자만이 사용했으나 후기에 들어서 사족의 부녀들도 착용하였다. 여름에는 얇은
사 紗로 만들고, 겨울에는 견으로 만들며 겉감은 초록색, 안감은 자주색을 사용하
였다. 계절에 따라 홑, 겹, 솜을 두었으며 때로는 여성의 수의로도 사용되었고 지역
에 따라서는 신부의 혼례복으로도 사용되었다고 하니 그 용례가 자못 궁금하다.
　길이와 형태가 두루마기와 비슷하며 자주색 옷고름도 좌우 섶 가장자리에 대

칭으로 달아서 손으로 여미기 쉽다. 소매는 팔을 꿰지 않고 그대로 비워둔다. 장옷을 입을 때는 눈만 내놓고 얼굴을 거의 다 가리며, 한 손으로 장옷의 양쪽을 휘어잡고 걸어간다.

중종 21년에는 본래 서민층의 부녀자만이 착용하던 것을, 사족 여인이 쓰고 거리를 왕래했다는 이유로 그 여인의 가장인 오라비에게 죄를 물었다는 기사가 있다.[5] 이 무렵엔 중국, 일본과 같은 이웃 나라와의 갈등이 없었고 국내적으로도 평화로운 시대였기 때문에, 조선 조정이 부녀자의 쓰개에까지 깊이 개입할 수 있는 여력이 있었던 것으로 추정된다.

조선 중기 이후 유교적 내외법을 더욱 강화했던 것에서 가부장제를 위한 조선 조정의 굳은 의지를 알 수 있다. 그 영향으로 여성들의 외출이 어렵게 되자, 얼굴과 몸을 가리는 내외용 쓰개의 수요가 많아져 쓰개치마 등 다양한 종류의 쓰개가 개발되었다. 장옷은 1910년대 무렵까지 서울 거리에서 쉽게 볼 수 있었으나, 1930년대에는 풍속의 개화와 더불어 급속한 서양 복식의 보급으로 자취를 감추고 말았다.

쓰개치마
Coat-like Cape
—

쓰개치마

조선 시대 부녀자들이 외출할 때 쓰던 내외용의 쓰개로 치마와 비슷하나 길이
가 치마보다 30㎝ 정도 짧고 폭도 좁다. 붉은색이나 옥색의 홑치마에 옥양목 허
리를 달아서 이마에서부터 턱으로 돌려쓰고 허리에 달린 양쪽 끝을 턱밑으로 모
아 흘러내리지 않도록 손으로 잡고 다녔다. 옥색 옥양목이나 명주로 만들었으며
계절에 따라 겹으로 하거나 솜을 두기도 하였다. 여름철에는 얇은 사 紗로 만들어
사용하기도 했으며 아무리 더운 날씨라도 외출할 때에는 쓰개치마를 사용했다.

쓰개치마를 쓴 여인
출처
혜원 신윤복의 '월하정인'
국립중앙박물관 소장

면사
Wedding Veil
面紗

———

출처 : 이화여자대학교박물관

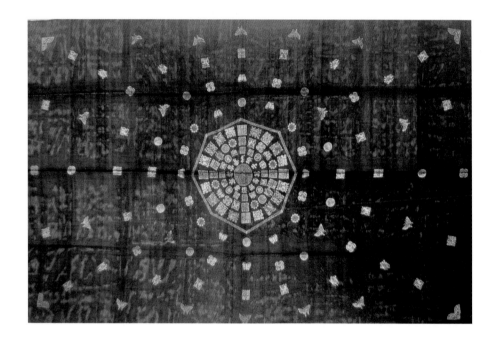

　　조선 시대 여성의 내외용·예장용 쓰개로 면사보 또는 면사포 面紗布라고도 한
다. 머리부터 상반신을 가리는 사각형 보자기이다. 원래 양반가의 여성들이 사용
했으나 조선 후기에 이르러서는 궁중용과 민가용으로 구별되어 혼례용으로 사용
되었다.

너울
Women's veil
羅尤
——

출처 : 국립민속박물관

　　상류층 부녀자의 대표적인 내외용 쓰개이다. 고려 시대에는 몽수 蒙首라는 이름으로 부녀자가 외출할 때 얼굴을 가리는 용도로 써오다가, 조선 태종 12년에는 사헌부의 상소를 받아 아예 법령으로 정하여 얼굴을 가리도록 했다.[6] 조선 전기에는 개두, 라화립, 입모, 흑라모, 면사 등으로 불렸으나 18세기 이후부터 너울이라는 명칭이 널리 사용되었다.[7] 너울은 특히 부녀자가 말을 탈 때 쓰는 쓰개로서 다른 내외용 쓰개보다는 격이 높다. 너울은 검은 비단 8폭으로 만드는데 머리에서부터 쓰게 되어있어 펼치면 양산과 비슷한 모양이다. 얼굴 부분은 반투명한 옷감으로 하여 밖을 볼 수 있도록 하였으며 길이는 허리에 닿을 정도로 길다. 너울 안에는 전모 같은 모자를 쓴다. 아랍의 베두인족 여인들이 착용하는 차도르 Chador와 비슷하나, 길이가 짧다.

처네
Women's Cape
薦衣
—

출처 : 국립민속박물관

서민층 여인들이 외출할 때 사용하던 내외용 쓰개이며 한자로는 천의 薦衣라
고 한다. 처네는 머리쓰개, 포대기, 이불 등의 용도로 사용되었으며 형태는 간단한
치마와 비슷하나 윗부분은 저고리 모양과 같다. 솜을 두어 만들었기 때문에 주로
겨울철 방한용으로 많이 사용되었다. 장옷보다 길이가 짧고 소매는 달지 않았다.
머리에 쓰기 편하도록 주름을 잡아 동정을 달았으며 깃의 양 끝에 끈을 달아 머리
뒤에서 매게 했다. 아기를 업을 때 사용하는 포대기도 처네의 한 가지라고 할 수
있다.

개두
Women's headwear
蓋頭

　조선 시대 사족의 부녀자들이 외출할 때에 쓰던 쓰개이다. 형태는 너울과 비슷하나 베로 만들었으며 모정 帽頂 부분에 베로 꽃을 만들어 달았다. 다른 용도로는 조선 시대에 국상을 당했을 때 왕비 이하 여관들이 상복과 함께 머리에 쓰던 검은 쓰개를 말하기도 한다. 고려 시대에 착용하던 몽수 蒙首가 조선 시대에 이르러 개두라는 이름으로 바뀌었다. 본래 몽수는 땅에 끌릴 만큼 길었으나 조선 시대에는 길이가 짧아져 40㎝~50㎝ 길이의 너울과 비슷해졌다. 개두는 주로 얼굴을 가리는 용도의 쓰개로 사용되었다.

고깔
Peaked Hat
———
출처 : 국립민속박물관

　승려가 쓰는 쓰개로 꼭대기를 뾰족하게 만든 변형된 관모의 한 종류이다. 직사
각형을 반으로 접어 꿰매었으며 안에는 끈을 달아 턱 밑에서 묶도록 하였다. '곳
갈'에서 음이 변하여 고깔이 되었다. 사찰의 상좌들이 흔히 쓰며 무당이나 농악을
하는 사람들이 쓰기도 했다.

호건
Hood for Children
虎巾
—

출처 : 국립민속박물관

Buddha's Birthday

Korean boy in holiday dress

엘리자베스 키스-석가탄신일
국립민속박물관

  조선 말기와 개화기 때 사대부가의 남자아이들이 5~6세까지 썼던 것으로 복
건과 비슷한 모양이다. 머리 윗부분은 둥글게 만들고 뒤로는 드림(댕기)을 길게 드
리우며, 양옆에는 귀 가리개를 달았다. 머리 부분의 양 끝에 호랑이의 두 귀를 만
들어 달고 눈·코·수염·입 등을 수놓았다. 호랑이처럼 씩씩하고 건강하게 성장하
라는 부모의 염원을 담고 있다. 주로 까치두루마기와 함께 착용한다.

❶ 정조실록, 정조 12년(1788) 10월 3일 신묘 6번째 기사

❷ 관모장, 서울특별시, 2019, p.110 참조

❸ 영조실록, 영조 34년(1758) 1월 13일 경자 4번째 기사

❹ 정조실록, 정조 12년(1788) 10월 3일 신묘 5번째 기사

❺ 중종실록, 중종 21년(1526) 12월 9일 정사 1번째 기사

❻ 태종실록, 태종12년(1412) 11월 14일 을미 1번째 기사

❼ 앞의 책, 관모장, p.33 참조

제5-6장

서양인들을 설레게 했던 조선 여인의 난모

겨울에 착용하는 방한모를 난모라 부른다. 본래 모든 난모는 찬바람과 추위를 막기 위해 귀를 덮었던 데에서 출발했다. 조선의 모자문화는 방한용 모자에도 영향을 끼쳐 독특하고도 다양한 형태의 난모를 많이 만들어 냈다. 특히 여성용 난모에는 모피로 선[34] 縇을 두르거나 안을 넣고 명주, 단 등으로 겉을 하며 속에는 털이 붙은 가죽이나 융을 덧대었기 때문에 그 촉감이 매우 포근하고 따뜻했다.

난모의 종류에는 조바위, 남바위, 풍차, 아얌, 볼끼, 이엄, 피견, 호엄, 호이엄, 휘항, 말액아얌, 만선두리, 굴레 등이 있다. 이 가운데 조바위, 아얌은 여인들이 착용했으며 이엄, 휘항, 말액아얌, 만선두리는 남성용이다. 또한 풍차, 볼끼, 남바위, 굴레는 남녀 공용이었으며 추운 겨울에는 문·무관도 관복에다 난모를 착용하고 그 위에 사모나 양관 같은 관모를 쓰기도 했다.

이 가운데 굴레는 남·여아용이며 볼끼는 부녀자와 아동도 함께 착용했다. 그러나 엘리자베스 키스의 그림을 보면, 아동들도 풍차와 남바위를 썼으며, 영조실

---

34) 옷이나 방석, 모자 등의 가장자리에 좁게 덧대는 헝겊

록에는 남자들의 난모로 알려진 휘항을 여성이 착용했다는 기록도 있어, 난모를 남녀가 함께 사용한 것에 관대했던 것 같다.❶

조선 초·중기에는 남성들의 시선을 차단하기 위한 내외용 쓰개가 발달했지만, 여성용 난모는 여성의 외출이 비교적 자유로워졌던 조선 말기에 들어 그 형태가 다양하게 발달함에 따라 방한 기능뿐만 아니라 예복을 완전히 갖추지 못했을 때 예모로 사용될 정도로 장식 기능이 뛰어났다. 특히 아얌과 조바위는 반가나 여염을 불문하고 조선의 여성들이 즐겨 썼던 난모이다.

19세기 중엽 이후 이 땅에 왔던 서양인들은 조선의 모자 가운데 조선 여인의 난모에 특별한 관심을 보였으며 이구동성으로 난모의 독특한 디자인과 독창성을 높이 평가했다. 자국에서는 볼 수 없는 낯선 물건을 대하는 호기심에선지 아니면 심미안 때문인지는 알 수 없으나 이들은 귀국할 때에 너나 할 것 없이 난모를 몇 개씩이나 가지고 떠났다. 그때 반출되었던 조선의 난모는 어디에 소장되어 있을까? 재료의 특성상 장기간 보관하기가 어려운 수예품이지만, 지금도 유럽의 몇몇 박물관과 개인이 소장하고 있으리라 믿는다. 엘리자베스 키스도 난모를 쓴 조선 여인 그림을 몇 점 남긴 것으로 미루어 그녀 역시 조선의 난모에 많은 애정을 가졌던 것 같다.

서양에서는 특별한 용도의 모자를 제외하면 보통 머리를 모두 덮어야 모자의 기능을 한다고 여겼지만, 조선 여인의 난모는 정수리를 덮지 않고 열어두었다. 이는 매우 위생적이어서 착용자의 건강을 염두에 둔 독창적인 방법이다. 또한, 난모의 이마 부위에 산호·구슬을 금실과 은실로 꿰어 단 끝에 비취나 옥을 매달아 술을 늘어뜨려 여성의 아름다움을 더욱 돋보이게 했다.

난모를 쓴 조선 여성이 걸음을 뗄 때마다 난모의 술과 매듭이 전후, 좌우로 찰랑거리는 모습과 산호와 옥이 부딪칠 때 울리는 청아한 소리를 상상해보라. 서양인의 눈에는 이런 모습의 조선 여인이 무척이나 고혹적으로 보였던 것 같다. 더구나 조선의 도로에서는 조선 여인을 구경하기가 하늘의 별 따기였으니 말이다. 조선 여인들은 특히 서양인들의 눈에 띄는 것을 극도로 피했다.

남바위
Winter Cap
——
남바위를 쓴 하객
엘리자베스 키스 채색 목판화
「Wedding guest, Seoul」

　　1919년 봄, 동생 엘스펫과 함께 한국을 처음 방문했던 엘리자베스 키스는 한국
의 풍광과 한국 여인들의 난모에 완전히 매료당했다. 키스는 많은 나라를 여행했
던 스코틀랜드 여인으로 비록 짧은 기간 한국에 머물렀지만, 한국을 깊이 사랑하
게 된 화가이다. 특히 그녀는 일본의 식민지가 되어버린 한국의 운명을 무척 안타
깝게 여겼다. 키스는 그의 저서 『올드 코리아 Old Korea』의 서문에 한국과 일본
을 비교하는 자신의 의견을 기록해 두었다.

　　생각이 부족한 일본 사람들은 오랫동안 진행되어온 자국에서의 악질적인
선전 때문에 한국 사람들을 경멸하고 있었다. 하지만 일부 열린 마음을 가진

남바위 정면 남바위 측면
출처 : 국립민속박물관

일본인들은 한국의 문화와 그 미술을 존경하고 심지어 숭배하고 있었다. 그
뿐만 아니라 그들은 한국의 역사가 일본 역사보다 더 오래되었고 또 한국이
일본에 문화를 전달했다는 사실을 잘 알고 있었다.❷

그 후 한국을 몇 차례 방문하여 체재하는 동안 키스는 남바위와 조바위, 풍차
를 쓴 한국 여인의 그림을 포함한 인물화와 몇 점의 풍경화를 남겼다. 이 그림들
은 채색 목판화와 수채화로 구성되어 있다.

남바위는 조선 시대 초기부터 상류층 남녀가 쓰다가 착용 범위가 넓어져 조선
말기에 이르러서는 서민층은 물론 남녀노소를 가리지 않고 착용했던 방한모로 뒷
모습이 풍뎅이와 같다고 하여 풍뎅이라고도 불렀다. 조선 초·중기에는 품계가 높

남바위를 쓴 평창 동계 올림픽의 도우미
출처 : 평창동계올림픽 조직위원회 웹사이트

은 관리들의 부인만이 착용케 하고 서민층 부녀자들에게는 이를 금지하여 서민층에서는 이를 무척 선망했다.

남바위는 귀와 목, 머리를 가리되 정수리 부분이 트여 있다. 겉은 비단, 안은 비단이나 목면으로 하고 조바위와는 달리 둘레에 모피를 댔다. 뒷골을 길게 하여 목덜미를 덮었다. 여성용은 남색과 자색의 겉감에 초록색 안감을 사용했으며 윗부분의 전, 후면에 술, 산호, 비취, 매듭 등으로 장식했다. 남성용은 검은색 겉감에 초록색 안감을 넣었으나 장식을 하지 않았으며 추운 겨울에는 문관과 무관이 사모나 갓 아래에 썼다. 아동용은 녹색 겉감에 적색 안감을 주로 사용했다. 상을 당했을 때는 흰색 명주로 만든 백 남바위를 착용하기도 했다. 개화기에는 외출할 때에 방한을 위해 두루마기를 입고 남바위를 쓴 사람이 많았으며 노약자들은 봄, 가을에 춘추용 남바위를 착용하기도 했다.

남바위와 비슷한 난모가 풍차이다. 풍차는 뺨과 턱을 보호하는 볼끼가 붙어 있어 뗄 수가 없지만, 남바위는 필요에 따라 볼끼를 붙였다 떼었다 할 수 있다. 남바위는 추위를 막는 방한모 기능과 함께 여성이 착용했을 때에는 조선 여인의 청초함을 은은하게 표현하는 장식 기능이 풍부했다.

조바위 또는 조바우
Women's Winter Cap
──
출처 : 국립민속박물관

　조선 후기에 아얌이 점차 사라지면서 가장 널리 사용된 것이 조바위이다. 조바위는 아얌이나 풍차와는 달리 비교적 검소한 난모로 조선 말기 상류층에서 서민층 부녀자에 이르기까지 널리 사용되었던 여성용 방한모이다. 나이 서른 이상 되는 여인은 대부분 검은 조바위를 썼는데 그중 흰 조바위를 쓴 여인은 집안의 상을 당한 사람이다.

　개화기 때 양반가의 여성들이 예장을 갖추지 못했을 때 조바위를 착용하여 의례 용도로 사용하기도 했다. 서양 복식이 도입되면서 등 뒤로 길게 드림이 늘어지는 아얌보다는 좀 더 간편한 조바위가 여성들의 난모로 널리 쓰이게 되었다.

조바위를 쓴 여인

일본식 판화 기법을 사용한 폴 자쿨레³⁴⁾ 목판화

출처 : 국립중앙박물관

---

35) 저자 주 : 폴 자쿨레 Paul Jacoulet 1896~1960는 주로 일본에서 생활했기 때문에 그가 그린 한국인의 모습과
복식은 실제와 많이 동떨어져 있어서 유감이다.

정수리 부분은 머리의 열이 나가도록 트고 뒷부분은 쪽 찐 머리가 보이도록 둥글게 팠으며 털은 달지 않았다. 볼끼로 귀와 뺨을 가린다. 겉감은 검은색이나 자주색의 비단이나 견으로 하고 안감은 남색, 자주색, 검은색 등의 비단이나 면으로 만들었다. 앞, 뒤에 산호 구슬을 금사 또는 은사로 꿰어 단 끝에 옥, 비취를 달고 술을 늘어뜨려 장식했다. 겉에는 수복강녕·부귀다남 등의 길상문을 수놓았다.

프랑스의 판화가 폴 자쿨레는 한국인에게 특히 애정을 가졌던 화가이다. 20세기 초, 그는 일본에서 익힌 판화 기법으로 한국 여인의 모습을 그렸는데 여기에도 조바위는 어김없이 등장한다.

조바위는 앞이마에서 볼을 지나 목덜미에 이르기까지 부드러운 곡선으로 이루어진 모자이다. 이마를 가리고, 볼 부분의 외곽선을 따라가며 홈질이 되어있다. 볼 덮개는 안으로 오그라들고, 쪽을 진 머리는 밖으로 나오도록 뒤를 살짝 팠다. 가장자리에는 비단으로 선을 덧대어 깔끔함과 고급스러움을 더했다. 뺨에 닿는 부분을 동그랗게 하여 양 볼과 귀가 조바위 안으로 감싸듯이 들어가므로 바람이나 추위를 막아 방한에 그지없이 좋았다.

조바위는 19세기 말 여성들의 쪽 찐 머리가 널리 퍼지면서 함께 사용된 것으로 보인다. 쪽을 진 머리와 가장 잘 어울리는 조바위는 조선 여인을 위한 맞춤형 난모로 손색이 없다. 이마와 양 귀를 덮는 조바위가 조선 여인에게 가장 사랑받던 이유는, 조바위가 얼굴을 작고 입체적으로 만들어 더욱 돋보이게 했기 때문이다. 조바위의 가르마를 따라 꿴 산호 구슬이 이마로 흘러내려 보는 이의 시선은 자연스레 여인의 이목구비에 집중하게 된다.

세계 어디에서도 볼 수 없는 조선 여인의 난모 조바위, 서양인들에게는 그냥 두고 가기엔 너무 아까운 모자였으리라.❸ 영국의 부영사로 조선에 주차했던 윌리엄 칼스³⁶⁾ Carles는 그의 저서 『조선 풍물지 Life in Korea』에서 조바위에 관해 말했다.

> 한국적인 것으로 가져갈 가치가 있는 것 중 가장 매력적인 것은 귀부인들이 쓰는 일종의 모자 '조바우'였다. 일부분은 털과 끈으로 꼬인 비단으로 만들어졌으며 주홍색 장식 술로 되어있었다. 모자 윗부분은 트였는데 상상컨대 머리 장식 때문일 것이다. 그러나 내가 한 번도 조선의 귀부인을 본 적이 없기에 어떻게 모자를 썼는지는 알 수 없다❹

칼스는 조바위를 쓴 귀부인을 보지 못한 것을 유감스럽게 생각했으나, 실제로는 귀부인뿐만 아니라 다양한 계층의 여성들이 조바위를 썼다.

조바위는 꽤 오랫동안 사용되었으나 서양의 목도리가 들어오면서 차츰 자취를 감추었다. 아이들이 설빔인 색동옷에다 조바위를 쓴 것이 설날 풍경이었으나 요즘에는 돌날 잔치에 조바위를 쓴 여자아이의 모습만을 간혹 볼 수 있을 뿐이다. 그래도 볼 때마다 예쁘기가 그지없다.

---

36) William Richard Carles(1848~1929) 1884~1885년까지 조선 주차 영사로 근무

풍차
Winter Cap
風遮
—

출처 : 국립민속박물관

볼끼를 달지 않은 풍차

풍차는 조선 시대 남녀 공용의 방한모로 풍채, 호이엄 胡耳掩이라고도 했다. 초기에는 양반 계급인 상류층에서 주로 사용했으나 차츰 평민들도 착용했다. 문·무관은 음력 10월 초하루부터 다음 해 1월 그믐까지 모피를 사용한 난모를 사용할 수 있었다. 이때 당상관은 초피[37] 貂皮, 당하관은 서피 鼠皮를 댄 풍차를 썼다.

———

37) 담비 가죽

풍차를 쓴 母子
엘리자베스 키스 채색 목판화「Lady with a child」

볼끼를 단 풍차

모양은 남바위와 비슷하
며 꼭대기에는 둥글게 공간
을 두었고 앞은 이마까지
내려오며 옆은 볼과 귀를
감싸고 목 뒤를 덮게
하였다. 또한, 뒤에 중
심선을 터 착용자에 따
라 머리둘레를 조절할
수 있도록 했다. 여기
에 뺨과 턱을 가릴 수
있는 볼끼를 달아 추
울 때는 볼끼를 양 볼에
내려 턱밑에서 묶어 추위
를 막았고 사용하지 않을
때는 위로 접어 끈으로 매
었다.

겉은 흑색, 자주색, 남색 비단을, 안은 융이나 견을 대고 가장자리엔 흑색이나
밤색의 토끼나 여우의 털을 둘렀다. 풍차 역시 여자용은 앞, 뒤에 술을 달고 산호,
비취 등 보석으로 장식하여 여성의 아름다움을 한층 돋보이게 했다.

남자들은 겉에 별다른 장식이 없는 단순한 형태의 풍차 위에 관이나 갓을 쓴
다. 특히 나이가 많은 신료들이 대궐을 출입할 때 항풍차 또는 삼산건이라 부르는
소풍차 小風遮를 썼다는 기록이 있는데 구체적인 형태는 전해지지 않았다. 모피
를 쓰지 않고 얇게 만든 풍차를 이른 봄이나 늦가을에 착용하기도 했다.

아얌
Fur Cap
額掩

——

아얌의 정면
출처 : 국립민속박물관

아얌의 측면
출처 : 국립민속박물관

아얌은 남자의 방한모인 이엄 耳掩에서 유래한 것으로 이엄 또는 액엄 額掩이라고도 부르며 조선의 여인들이 겨울에 나들이할 때 반드시 썼던 방한모이다. 그러나 이엄은 귀까지 덮었으나 아얌은 귀를 내놓고 이마만 덮기 때문에 액엄이라 함이 옳다. 머리를 쪽지고 그 위에 아얌을 쓴 모습이 단정하여 여인들이 외출할 때는 반드시 착용하는 것이 예의였다.

처음에는 남녀 구별하지 않고 착용하다가 나중에는 여성이 주로 착용했으며 아얌 뒤에 드리우는 드림도 점점 길어졌다. 그러다가 조선 말기에 드림이 없는 간편한 조바위가 등장하면서 차츰 자취를 감추기 시작했다.❺ 서민층이 사용했다고는 하나 화려한 보석 장식이 들어간 아얌을 서민층의 부녀가 착용하기란 그리 쉽지 않은 일이다. 앞뒤에 화려한 보석이 장식된 아얌은 주로 기녀들이 사용했다.

아얌의 윗부분을 둥글게 파서 트고 앞, 뒤의 술에 자주색 구슬이나 산호를 꿰어 달아 매우 사치스러웠다. 이마 둘레의 검은 단에는 모피를 대고 상반부는 곱게 누볐다. 뒤로는 흑색이나 자색의 비단으로 댕기를 길게 늘어뜨렸는데 이를 아얌 드림이라 부른다. 드림에는 밀화나 금판으로 만든 매미를 군데군데 장식물로 달았다. 앞이마와 뒤에는 자주색 조영38) 組纓에 산호주39) 珊瑚珠를 꿰어 술 장식을 드리웠다.

'아양을 떨다'라는 말은 귀염을 받으려고 일부러 애교 있는 말이나 행동을 하는 것을 말하는데, 아양은 원래 아얌이 변한 말이다. 이 말은 아얌을 쓴 여인이 걸을 때마다 아얌의 앞, 뒤 술이 찰랑거리며 떨리는 것을 여인의 애교에 빗대어 표현한 것이다.

---

38) 임금이 쓰는 면류관에 장식하는 자주색 끈을 말함
39) 산호를 깎아 만든 구슬

아얌을 쓴 조선 여인
1900년에 개최된 파리 박람회의 한국관 모습
프랑스 「르 프티 주르날」지, 출처 명지대 LG 연암문고 소장

장운상의 미인도
출처 : 코리아나 화장품 Space*C

아얌을 쓴 조선 여인
새비지 랜도어 그림

여러 차례의 로마 유적지 여행을 통해 고대 로마의 아름다운 여인 조각상을 많이 보았다고 자부하는 새비지 랜도어[40]도 "비너스의 곡선미조차 한국 여성이 입고 있는 한복과 아얌의 아름다움을 따라가지 못한다."라고 그의 저서에 기록했다.

앞의 그림은 1900년 프랑스 파리 에펠탑 근처에서 개최되었던 만국박람회장의 한국관 모습을 그린 것으로 이 그림에서 「모자의 나라, 조선」을 알리고자 하는 신문사의 의도가 보인다. 그림 속의 인물 가운데 모자를 쓰지 않은 사람은 오른쪽에 청국인으로 보이는 단 한 사람밖에 없다. 갓을 쓴 이와 정자관을 쓴 선비가 담소 중이며 삿갓과 패랭이를 쓴 사람도 보인다. 그림 전면에 붉은색 아얌을 쓴 조선 여인이 한 발을 앞으로 내디딘 채 당당하게 서 있는 모습이 이채롭다. 갓을 쓰고 일본식 우산을 든 사람은 동, 서양 문화의 복식이 뒤섞인 개화기 시대의 혼란을 암시하고 있다. 뒤에 보이는 건물은 경복궁의 근정전을 묘사한 것으로 보인다.

40) Arnold Henry Savage Landor(1865~1924) 영국의 화가이자 여행가 『고요한 아침의 나라, 조선』 1895 출간

볼끼

출처 : 한국복식문화사전 참고

볼끼는 양 볼과 귀, 턱을 가리는 간편한 방한구로 조선 후기에 서민층의 부녀
자와 아동들이 널리 사용했다. 짧은 것은 좌·우 볼끼 두 개를 남바위에 붙여 턱 밑
에서 동여매며, 긴 것은 턱과 양 볼을 감싼 후 끝에 달린 끈을 머리 위에서 맨다.
겉감은 비단이나 가죽, 안감은 면 또는 털을 받치고 가장자리에 털로 선을 대어
장식했다. 남아는 남색의 볼끼를 여아는 자주색 볼끼를 많이 착용했다. 연로한 이
들은 볼끼 위에 남바위를 덧쓰기도 했고 아예 볼끼를 남바위에 달아 쓰기도 했다.

아동용 난모

굴레
Children's Head Dress
—

출처 : 국립민속박물관

굴레는 조선 후기 상류층 가정에서 아이들에게 방한을 겸한 장식용의 쓰개로 사용되었다. 돌을 맞이한 아이가 많이 쓴다고 하여 '돌모자'라고도 하며 돌쟁이에서 4~5세까지의 아동용이다.

굴레는 봄, 여름, 가을용과 겨울용
으로 나누어진다. 봄·여름·가을용
은 통풍이 잘되도록 가로, 세로의
가닥을 성글게 교차시킨 천으로
만든다. 봄, 여름, 가을용에는 갑사
로 하고, 겨울용에는 비단에 솜을 두어
짓되 얼굴만 내놓게 하여 방한의 목적도 겸하
였다.

세 가닥 이상의 비단을 교차하여 모자를 만
들고 정수리에는 꽃 모양의 꼭지를 달고 뒤에
는 드림을 길게 드리웠다. 기다란 드림은 장수
를 의미한다. 남아용은 얼굴을 감싸는 부분과
굴레 허리 부분을 남색으로, 여아용은 자색으로
하였다. 주로 남색·흑색·연두색·적색
의 비단으로 만들며 모부의 중앙에
는 수복강녕 등 길상문을 수놓거나
금박으로 장식한다. 귀를 덮는 부분
에는 총명 聰明이란 문자를 수놓아 아이
를 축복하였다.❻

출처 : 국립민속박물관

굴레는 아동용이지만, 부모님 생존 시에 딸이 회갑을 맞으면, 딸은 색동저고리
와 다홍치마 위에 굴레를 쓰고 노모의 무릎에 안기는 풍속이 있었다. 장식과 의례
용으로 쓰는 굴레는 명절이나 경사에 착용했다. 특히 자녀의 굴레를 만들 때는 부
귀와 장수를 소원하는 마음으로 수실과 장식에 온 정성을 기울였다.❼

엘리자베스 키스-두 명의 한국 아이들
국립민속박물관

❶ 조선왕조실록 영조 50년 11월 12일 기사

❷ 영국화가 엘리자베스 키스의 코리아, 엘리자베스 키스, 엘스펫 K. 로버트슨 스콧 공저, 송영달 역, 책
과함께, 2008, p.24 인용

❸ 서울신문 2017 3.27자, 이민주 한국학중앙연구원 컬럼 인용

❹ 조선풍물지, 윌리엄 칼스, 신복룡 역, 집문당, 1999, p.40 인용

❺ 한국복식문화사전, 김영숙, 미술문화, 1998, p.274 참조

❻ 한민족역사문화도감, 국립민속박물관, 2005, p. 102 참조와 인용

❼ 조선시대 방한모에 관한 연구, 김성희, 2007, p.57~58 참조

제5-7장

남자들도
난모를 쓴다고?

그렇다. 조선의 남자들도 난모를 썼다. 조선 시대 남성용 난모의 종류로는 이엄, 휘항, 만선두리, 말액아얌, 가죽감태가 있으며 여성용인 풍차와 남바위의 모양을 약간 달리하여 사용하기도 했다. 남성용은 실용성에 치중하였기 때문에 여성용에 비교하면 그 모양이 밋밋하며 겨울에는 문·무관도 관복을 입고 난모를 착용하였다. 조선의 난모는 대부분 정수리 쪽이 트인 것이 특징인데 남성용 난모 역시 상투 때문에 트여 있다.

조선 시대에는 혹독한 추위 때문에 상하를 불문하고 신분에 걸맞은 난모를 착용한 것으로 추정된다. 특히 천민을 포함한 신분이 낮은 계층에서는 여기에 보이는 난모와는 다른 난모를 착용했을 것으로 보이지만, 자료를 찾을 수 없었다.

이엄
耳掩
———

이엄 위에 양관을 쓴 고위 관리
(김윤식 외부 대신으로 추정됨)
출처 : 종묘 제례 관리(엘리자베스 키스)
국립민속박물관

조선 시대 문·무관이 관복과 함께 착용했
던 방한모이다. 한반도의 겨울은 시베리아에
서 불어오는 북풍의 영향을 받아 같은 위도상
에 있는 나라들보다 추위가 훨씬 매섭다. 조선 조종에서는 이를 고려하여 한겨울
인 10월 초하루에서 다음 해 1월 그믐까지 관리들이 이엄 위에 사모 紗帽나 양관
梁冠, 제관 祭冠을 착용하도록 했다. 벼슬이 당상관이면 담비 가죽으로 만든 이엄
을 착용하고 당하관은 쥐 가죽으로 만들어진 것을 착용하였다.❶ 이엄은 남녀와
귀천의 차별 없이 널리 착용하였다.

휘항
揮項
—

출처 : 국립민속박물관

호항, 휘양, 풍령이라고도 부르는 방한용
난모로 상투가 있는 머리 윗부분이 트였으
며 뒤는 길다. 작은 것은 뒷머리와 목만을
감쌀 수 있으나 큰 것은 어깨와 등도 덮을
수 있다. 볼끼를 달아 목덜미와 뺨을 싸
고 좌우에 끈을 달아 목에 맨다. 휘항
은 모휘항 毛揮項과 양휘항 凉
揮項으로 나뉘는데 모휘
항은 모피를 사용하고 양
휘항은 모피가 아닌 단 緞으로 만
든 것으로 계절에 따라 재료를 달리 사용했다.

부유층의 노인들이 담비 가죽으로 된 휘항을 주로 애용했으며 평민들은 족제
비 가죽으로 만든 휘항을 착용했다. 재료를 달리하여 군복[41] 軍僕이나 병사들도
착용했다. 휘항이 상·하 신분의 구별 없이 사용하게 된 것은 18세기 후반으로 추
정되나 양반가의 휘항은 산호· 진주·비취를 장식하여 매우 사치스러웠다. 최근
TV 드라마 '옷소매 붉은 끝동'에서 휘항의 실물을 볼 수 있었다.

———
41) 군에서 부리는 종이나 마부를 가리킴

만선두리
滿縇頭里
—

한국복식문화사전 참고

　조선 시대 무관들이 공복과 함께 착용하던 방한모이다. 무관들이 전립 위에 쓰는 예가 많았다. 길이가 길어 목 뒤로 길게 넘어가며 끝은 제비 꼬리 모양으로 되어있다. 가장자리는 털로 선을 둘렀으며 볼끼가 달려 있다. 정조 시대에는 날씨가 매우 추울 때 관청에서 방한 도구를 군교와 나졸들에게 나눠주기도 했다. 통상적으로 관리들이 난모를 착용하는 기간은 입동부터 춘분까지였다.

가죽 감태

가죽 감태를 쓴 면암 최익현
출처 : 한국민족문화대백과사전

제주도에서 주로 사용되던 방한용 난모로 겨울철에 사냥꾼이 많이 착용하였다. 짐승의 가죽으로 만들며 오소리 가죽으로 만든 것을 최상품으로 친다.[2] 가죽 감태는 전, 후면이 거의 같은 모양이다. 사진은 1873년부터 3년간 제주도에 유배되었던 면암 선생이 가죽 감태를 착용한 모습이다.

❶ 한국복식문화사전, 김영숙 편저, 도서출판 미술문화, 1998, p.104 인용

❷ 위의 책, 한국복식문화사전, p.19 참조

제5-8장 　　　　　　　　　　　　　　　　　　난모의 흑역사

　　지금까지 난모의 긍정적인 면을 보았지만, 빛이 있으면 그림자가 있는 법, 조선의 난모 역시 갓에는 미치지 못하지만 어두운 역사가 있다. 사실 조선 초·중기에는 난모를 사용하는 계층이 상류층에 국한되어 그 수요가 그리 많지 않았다. 그동안 난모는 관모제 官帽制라 하여 청나라와의 역관 무역[42] 譯官 貿易 물품으로 수입되어 민간의 수요를 독점했다. 청국은 양피, 서피, 담비와 같은 짐승의 털가죽이 풍부하여 난모 생산이 활발했기 때문이다.

　　그러나 조선 후기에 접어들자 남·여·노·소 할 것 없이 난모의 착용 범위가 넓어져 그 수요가 폭증했다. 이에 따라 난모의 수입 대금으로 지급하던 은이 청나라에 대량 유출되어 국가 재정이 고갈되자 소비재 물품인 난모 수입의 부당성이 심각하게 제기되었다. 정조 5년부터 14년까지 청나라로부터 수입된 난모가 무려 7백만 개에 달했다는 기록으로 보아 당시 국부 유출의 폐해가 매우 심각했다는 것을 알 수 있다.❶

　　정조 재위 때인 1780년 청나라의 요동을 다녀왔던 박지원은 열하일기에, 무분별한 난모 수입으로 국부인 은이 고갈되고 있음을 신랄하게 비판하고 있다.

---

42) 조선 시대 청나라에 사신을 파견할 때 동행한 역관들이 했던 공무역의 일종이다.

우리나라에서 쓰는 털모자는 모두 이곳 요동에서 만든다.(중략) 모자를 만들기는 아주 간단하여, 양털만 있다면 나도 만들 수 있을 듯하다. 우리나라에선 양을 기르지 아니하여 사람들이 일 년을 가도 양고기를 맛보지 못하지만, 전국의 인구 수백만 명이 모자를 사다 써야만 겨울 추위를 막을 수 있다. 해마다 동지사행 冬至使行과, 황력 黃曆, 재자 등이 가지고 가는 은이 적어도 10만 냥은 되므로 10년이면 100만 냥이나 되는 것이다. 모자는 한 사람이 한겨울 쓰고 봄이 되면 떨어져서 버린다. 천 년을 가도 부서지지 않는 은을, 한겨울만 지나면 떨어져서 버리는 모자와 맞바꾸다니...(중략) 이 얼마나 생각 없는 짓인가!❷

실학자 연암의 호소에도 불구하고 조선인의 난모 사랑은 그치지 않았다. 남이 입은 것, 남이 쓴 것을 나도 입고 쓰고 싶다는 인간의 본능에 가까운 열망은 그때나 지금이나 여전하다. 이를 더 지켜볼 수 없었던 대사헌 홍양호가 정조에게 상소문을 올렸다.

특히 모자 한 가지는 가장 쓸데없이 허비하는 것으로써, 국가의 재정을 손모시켜 빠져나가게 하는 것으로 이보다 더한 것이 없으니 시급히 그 구멍을 막지 않을 수 없습니다. (중략) 오직 추위를 막기 위해서라면 어찌 달리 할 것이 없어서 하필이면 멀리 중국에서 구해야 할 것이겠습니까? 중국에서는 쓸 데가 없는 것이기에, 요동 상가의 한 가게에서 털을 모아다가 타조 打造하여 오로지 우리나라에다 팔아 가만히 앉아서 막대한 이득을 거두고 있으니, 어찌 중화 사람들의 웃음거리가 되지 않겠습니까?

한 해의 모자 값으로 거만 鉅萬의 재물을 허비하게 됩니다. 셀 수 없는 활화 活貨를 가지고 쓸데없는 취물 毳物을 무역해다가 겨우 가을과 겨울을 지내 고 나면 헤어져 땅에 버리게 되는데, 올해에도 그러하고 내년에도 그러하게 됩니다.❸

이처럼 역관 무역의 난모 수입은 역관들을 도와 공적으로 사용하는 은을 확보 하고자 시행했으나 오히려 국부인 은이 대량으로 유출되는 상황에 이르렀다. 그 뿐만 아니라 난모의 독점 수입과 공급 권한은 막대한 이윤이 보장되는 터라 역관 과 상인들 간에 송사가 그칠 날이 없었다. 마침내 조선 조정은 관모제를 폐지하고 이를 홍삼 수출로 전환하고 말았다.❹ 그러나 겨울이면 난모가 필수품이 되어버린 조선에서 하루아침에 난모 사용을 중지시킬 수는 없었다. 이 수요를 이용하여 폭 리를 취하고자 조청 국경 지역에서는 상인들의 난모 밀무역이 그치지 않았다.

대사헌 홍양호의 상소문은 난모 수입의 폐해를 지적할 뿐만 아니라 수레를 만 들어 사용하여 도로를 넓히고 벽돌 생산을 권장하여 집과 건물을 견고하게 건축 해야 한다고 주장했다. 또한, 양을 사육하여 백성들의 식생활을 개선하자는 실사 구시와 이용후생의 획기적인 내용이었다. 그런데도 정조는 비변사와 논의만 했을 뿐 홍양호의 상소를 받아들여 이를 적극 시행한 흔적이 없다.

특히 수레 사용이 일반화되면 도로가 사통팔달로 연결되고, 도로가 연결되 면 물산의 왕래가 원활해져 국가 세수가 늘고 나라가 부강해졌을 터이다. 애석 하게도 정조가 이 기회를 놓친 것은, 성군의 천려일실 千慮一失이라 하지 않을 수 없다.

❶ 18세기 후반 조선의 대청무역 실태와 사상층의 성장, 이철성, 1996, 한국사연구 제94권 참조

❷ 열하일기 일신수필 7월22일자, 박지원, 동서문화사, 2016, p.209 인용

❸ 조선왕조 정조실록 7년 7월 18일 기사

❹ 조선시대 방한모에 관한 연구, 김성희, 2007 참조

제6장

갓, 조선 선비의 멋

갓,
笠子의 탄생

문헌상에 갓이 나타난 최초의 기록은 삼국유사 신라 제38대 원성왕(재위 785~798)의 기사이다. "원성왕이 복두[1] 幞頭를 벗고 소립[2] 素笠을 쓴 꿈을 꾼 뒤, 해몽가에게 물었다. 그러자 한 사람은 왕의 자리를 잃는 꿈이라 했지만, 또 다른 이는 소립을 썼다는 것은 면류관[3]을 쓸 징조라고 하여 왕이 이를 매우 기쁘게 여겼다."라는 기사에서 삼국시대에 이미 소립, 즉 갓을 썼다는 것을 알 수 있다.❶ 물론 조선 시대의 흑립과는 그 형태와 재질이 다른 갓이다. 이 기록은 당시 갓의 사회적 위치를 보여주는 흥미로운 자료이다. 복두를 벗고 소립을 쓰는 것을 관직을 잃거나 혹은 면류관을 쓰는 것으로 상반되게 해석하는 것은 당시 소립 즉, 갓의 사회적 위치가 아직 확고하지 않았음을 말하고 있다.

고려의 복식문화와 관모 제도는 당연히 중국의 영향을 많이 받았다. 고려 시대 갓의 자료가 부족하여 정확하게 알 수 없으나 초기의 입모 笠帽는 머리를 보호하기 위한 방호용으로 만들어졌다가 시대의 흐름에 따라 마침내 방립형 갓으로 진화한 것으로 추정된다.

고려 시대의 방립형 갓도 많은 변화를 거쳐 자연스럽게 조선 시대로 계승되었던 것으로 유추할 수 있다. 고려말의 초기 입자 笠子가 조선 초에 이르러서야 비로소 갓의 형태를 갖추었지만, 재료와 형태는 아직도 고려의 영향에서 벗어나지

---

1) 조선 시대에 관리들이 공복에 착용한 관모로 사모의 원형이며 비슷하다. 모부가 2단으로 턱이 져 앞턱이 낮으며 모두는 평평하고 네모지게 만들어 좌우에 각 角을 부착하였다.
2) 소색(素色:누른빛을 띤 흰색)의 패랭이를 일컫는 말로 갓의 전단계 관모이다.
3) 왕이 국가적 경사가 있을 때나 조하를 받을 때 착용하는 관모

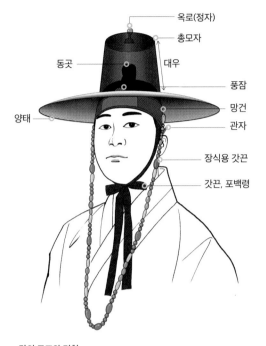

옥로(정자)

총모자

동곳

대우

양태

풍잠

망건

관자

장식용 갓끈

갓끈, 포백령

갓의 구조와 명칭
출처 : 서울역사박물관

못했다. 조선의 관모는 고려의 관모 제도를 계승했으나 점점 조선 시대의 특색을 보이면서 발전했다. 조선 초기를 지나면서 갓 착용이 정착되어 시대에 따라 상당히 다른 형태로 진화하기 시작했다.

조선 시대에 갓은 머리를 보호한다는 본래의 용도에서 벗어나 발전해 나갔지만, 예 禮의 표현이라는 갓의 유교적 가치는 더욱 커졌다. 갓은 예와 신분을 보여주는 의례적인 형식미와 갓이 지닌 특유의 화사함으로 착용자의 품위를 드높여 주었다. 특히 조선 시대의 갓은 사대부와 선비문화의 표상이었으며 상징물이었기에 더욱 그런 면이 두드러지게 보였다.

갓 형태의 진화는 시대에 따라 주로 대우[4]의 모양과 높낮이가 변하고 양태[5]의 폭이 넓게 또는 좁게 바뀌며 조선 남성 의관의 유행을 주도했다. 이에 따라 갓의 재료와 갓끈과 같은 장식물이 극도로 사치스러워졌으며, 갓의 재료인 죽사와 갓끈으로 상류층이 지나친 호사를 부려 사회문제가 되자 조선 정부가 나서서 금제를 반포하기도 했다.

4) 갓의 위로 솟아오른 부분, 모부 帽部라고도 부른다.
5) 갓의 챙 부위

원과
직선의 만남

갓은 초정밀 수공예의 절정이다. 현대에도, 물론
하려고만 든다면, 기계화와 자동화를 통해 생산할 수 있을 터이다. 그러나 갓의 생
산에 필요한 정밀 기계와 여러 공정을 담당해야 할 뛰어난 지능을 가진 AI 로봇을
먼저 만들어야 한다면 애기는 달라진다. 갓은 그렇게 만들 수도 없고 만들어지지
도 않는다. 갓은 초 미세한 재료들이 숙련되고 섬세한 장인의 손을 거쳐야만 비로
소 완성될 수 있는 수공예의 결정체이기 때문이다.

원과 직선의 정교한 교직을 보여주는 갓 모정
출처 서울역사박물관

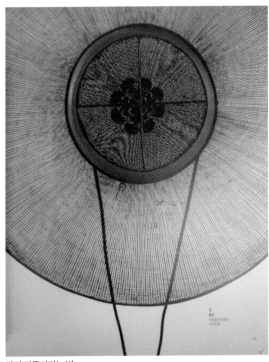

갓의 아른거리는 빛
출처 : 국립대구박물관 · 국립중앙박물관 소장

갓에는 수많은 원과 직선이 만들어내는 미묘한 아름다움이 배어 있다. 이 아름다움은 머리카락보다 가는 대오리가, 이 일로 평생을 살아온 장인의 손길로 엮여야 만이 비로소 우리의 눈앞에 부드러운 빛의 실체를 드러낸다. 햇빛은 갓의 양태에 새겨진 극히 미세한 구멍을 통과하여 은은하고 아른거리는 색감의 빛으로 재탄생한다. 그 빛은 명암 明暗의 바깥에 존재하는 몽환적인 빛이다. 금방 손으로 잡힐 것만 같은 그 빛의 실체를 은은한 화사미 華奢美라 불러도 좋을성싶다.

어찌 생각하면 서양의 문명은 뚜렷하게 명암만이 존재하는 세계인지라, 밝은 것도 아니며 어두운 것도 아닌, 그렇다고 희뿌연 회색도 아닌 갓의 은은하고 아른거리는 빛을 수용하지 않을지도 모르겠다. 그러나 우리의 노련한 장인은, 자신의 기억 속에 있는 이 빛을 만들어내고자 오랜 시간을 들여 원과 직선을 성기게 교직하므로 미세한 구멍을 남겨둔다.

어느 여름날 석양 무렵, 대청마루에 걸린 갈대 발의 성긴 틈으로 들어오는 빛을 고즈넉이 바라본 적이 있는가? 햇빛이 갓의 양태를 통과하여 만들어내는 빛의 색감이란 이처럼 조금은 비현실적이다. 그러기에 갓은 착용한 사람의 얼굴을 더욱 또렷하게 드러내 보이는 것 같다. 아마도 그래서인지 상대방의 시선을 더욱 끌어들이는지도 모르겠다.

갓의 외형적 아름다움 가운데 특히 양태의 휘어진 곡선을 눈여겨 볼 필요가 있다. 양태의 선은 가운데로 가면서 봉긋하게 솟아올랐다가 비스듬하게 안쪽으로 내려간다. 오래된 장인의 눈썰미와 손길이 아니면 표현할 수 없는 노련한 곡선이다. 갓 일은 처음부터 끝까지 어느 것 하나 쉬운 일이 없지만, 양태의 곡선을 부드럽게 끌어내리는 이 일이야말로 갓 일의 백미라 할 수 있다. 서양의 중절모처럼 양태의 가장자리를 그냥 올리지도 않고 그렇다고 무턱대고 내리지도 않는다. 조선인은 곡선의 여유로움을 갓에도 불어 넣었다. 이 공정을 '트집 잡기'라 부른다. 재미있는 표현이다.

마지막으로 갓의 색깔이다. 갓의 맑고 투명한 검은색은 말총과 대나무에 먹칠과 옻칠을 여러 차례 입힌 뒤 열두 시간을 옻 통에 넣어두었다가 건조해야 나올 수 있다. 이 공정을 '칠하기'라 부른다. 맑고 투명한 검은색의 갓과 하얀 도포가 어우러지므로 비로소 세련되고 화사한 조선 선비의 기품이 살아나게 된다.

갓이면
모두 갓인가?

넓은 의미의 갓은 머리를 덮는 모부인 대우와 햇빛을 가리는 챙인 양태 凉太로 이루어진 남자들의 쓰개를 말한다. 갓은 순수한 우리말이며 한자로 쓸 때는 립 笠 또는 입자 笠子라고도 한다. 갓은 패랭이 형 갓과 방립 方笠형 갓으로 구별된다. 조선 초기의 갓은 방갓이라 하여 대우와 양태의 구별이 없었으나 챙이 생기면서 대우와 양태의 구별이 뚜렷한 패랭이가 되었으며, 짚으로 만들던 패랭이를 말총[6]으로 만들면서 드디어 우리가 갓이라 부르는 흑립이 탄생하였다.

패랭이 형 갓에는 흑립과 백립, 초립, 주립, 전립, 패랭이가 있으며 방립 형 갓에는 삿갓, 방갓, 전모 등이 있다. 실제로 갓은 종류와 형태가 다양하지만, 일반적으로 갓이라 하면 흑립만을 말하는 것으로 봐도 무방하다.

진사립 眞絲笠 또는 죽사립 竹絲笠

흑립 가운데에서도 진사립 이야말로 극상품으로 당상관 이상의 특별한 지위에 있는 사대부의 전유물이다. 진사립은 양태와 대우 모두를 죽사로 제작하기 때문에, 갓장이에게 극한의 인내심을 요구한다. 갓장이는 한없이 가늘고 얇은 죽사[7] 竹絲로 양태를 네 겹으로 엮고 그 위에 명주실의 일종인 촉사를 한올 한올 입혀 칠을 하는 지루하고도 정교한 작업을 해야 한다. 왕이 쓴 어립 御笠에는 대우와 양태를 연결한 부위인 은각 밑부리에 당사 唐絲를 물들여 꼰 홍사 紅絲를 둘렀고 신하가 쓰는 갓은 청사 靑絲와 녹사 綠絲를 감았다.

진사립의 양태를 만들 때 쓰는 죽사를 '대오리'라 한다. 대오리의 굵기는 초극세사로 머리카락(0.0025㎜)의 ½ 두께인 0.0012㎜에 지나지 않기 때문에 갓을 만드는 일이 얼마나 섬세하고 정교한 작업인지를 짐작할 수 있다.❷ 한 개의 진사립에 필요한 양태를 완성하기 위해서는 숙련된 양태장이 열흘 이상 땀을 흘려야 한

---

6) 말의 꼬리털
7) 대나무를 얇게 잘라 다듬어 머리카락보다 가늘게 만든 실

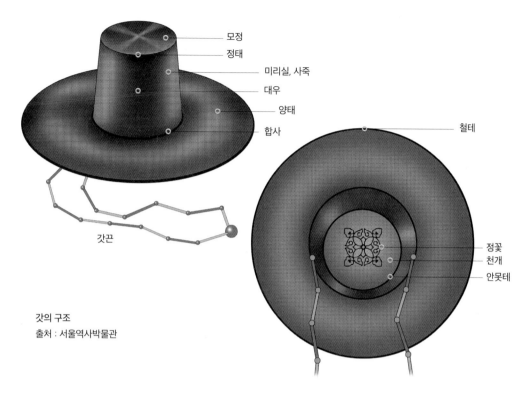

모정
정태
미리실, 사죽
대우
양태
합사

철테

갓끈

정꽃
천개
안못테

갓의 구조
출처 : 서울역사박물관

다. 따라서 갓의 양태를 만드는 「죽사직조기법 竹絲織造技法」이야말로 독보적이
며 세계에 자랑할만한 초정밀 기술임이 틀림없다.

　만약에 갓의 탄생 과정을 지켜본다면, 지금까지 세상에 나왔던 어떤 모자도,
앞으로 세상에 나올 어떤 모자도 갓의 정교함과 그것을 짜내는 갓장이의 인내를
넘어설 수 없다는 의견에 공감하리라 믿는다.

음양사립 陰陽絲笠

　진사립 다음의 상등품으로 대우는 죽사가 아닌 말총을 곱게 엮어서 만들고 양
태는 가는 죽사로 엮어 명주실의 일종인 촉사를 올려 옻칠을 한 것이다. 대우와
양태를 연결한 부위인 은각에는 청사를 두른다.

음양립 陰陽笠

음양사립의 다음 등품으로 대우는 말총으로 만들고, 죽사로 만든 양태 위에 베 布를 입히고 옻칠을 한 다음 녹사 綠絲를 두른다.

마미립 馬尾笠

종립, 마종립 이라고도 한다. 이름에서 알 수 있듯이 말꼬리인 말총으로 만들어져 조선 초에는 당상관만이 썼으나 후기에 와서는 보편화 되었다. 중등품이다.

포립 布笠

품질이 낮은 죽사로 만든 양태와 역시 동급의 마미모 馬尾毛 나 죽사로 만든 대우에 포를 입힌 것으로 하등품이다.

저모립 猪毛笠

돼지 털을 다져서 만든 무관의 전립이 이에 속한다.❸

갓,
어떻게 만들까?

우리는 갓에 관해 얼마나 알고 있을까? 유감스럽지만 우리는 갓을 거의 알지 못한다. 그러므로 갓을 이해하기 위해서는 먼저 갓이 어떻게 만들어지는가? 를 관찰하는 것도 좋은 방법일 터이다.

갓을 만드는 일은 지극히 어렵다. 갓은 오로지 갓장이만이 만들 수 있으며 조그마한 흠결이라도 갓장이만이 고칠 수 있는 귀하신 몸이다. 아무나 할 수 있는 수공예가 결코 아니다. 재료를 다듬어 준비하는 기간도 오래 걸린다. 더구나 갓 일은 혼자서는 할 수 없다. 최소한 세 사람이 협력하지 않으면 갓을 완성해 낼 수가 없다. 그렇다고 이 세 사람이 한 군데 모여서 작업하는 것도 아니다. 이렇게 철저히 분업화가 이뤄지는 분야도 찾기 힘들다. 갓 제작의 분업화는 갓의 수요 변화에 능동적으로 대처할 수 있고 또한, 다양한 재료를 사용하여 새로운 수요를 창출할 수 있다는 장점이 있다.

갓 제작 공정은 가는 죽사 竹絲를 엮어서 갓의 테를 짜는 양태 작업, 말총으로 대우 부분을 엮어서 짜는 총모자 작업, 양태와 총모자가 만들어진 뒤에 이 둘을 연결하여 조립하고, 명주를 입히고 옻칠하여 마지막으로 하나의 갓을 완성하는 입자 작업 등 3단계 공정으로 나뉜다. 전체 3단계 공정은 대오리 제작, 운기 모으기, 은각 모으기, 대우 모으기, 수장하기, 버렁 잡기, 갓 모으기, 칠하기라는 8단계의 세부 작업 과정을 포함한다. 따라서 양태를 엮는 양태장과 총모자를 엮는 총모자장, 입자 작업을 하는 입자장 등 세 사람이 각자 독립적인 분업으로 갓을 조립하여 하나의 갓을 완성하게 된다.

각 공정을 맡은 숙련자들은 자기가 원하는 공정만을 익히는데도 10여 년 이상이 소요되기 때문에 다른 공정의 기술을 익힐 시간과 여력이 없다. 갓 제작이 엄격하게 분업화되어있는 것은 이런 특성에 그 원인이 있다. 따라서 갓은 오랜 시간 각고의 인내심과 고난도의 작업 끝에 탄생하기에 값이 무척 비쌌다. 유교적 예를 실천하려는 사대부와 선비들은, 값이 비싸기도 했지만, 무엇보다 갓을 중요하게 여겼기에 갓 집을 따로 마련하는 등 보관에 정성을 다했다.

우리 민속공예 가운데 갓일 만큼 어렵고 긴 세월의 훈련을 요구하는 일은 찾아보기 힘들다. 갓을 만들기 위해 가장 먼저 해야 할 일은, 음력 9~10월경에 대나무를 벌채하여 보관에 주의를 다해야 한다. 그 가운데 좋은 대나무를 골라 보름 동안 대나무 결을 삭인 다음, 대나무의 껍질을 얇게 벗겨 내어 조름대로 훑어 머리카락보다 가는 죽사를 만들어야 한다. 죽사의 두께에 따라 갓의 품질과 가격이 결정되므로 대오리 제작 공정에는 더욱 정밀한 가공 기술이 요구된다.

이 준비 공정을 거친 다음에야 비로소 양태를 짜는 작업에 들어갈 수 있다. 양태 작업은 지루할 만큼 성가신 일이지만, 그렇다고 해서 조금의 실수도 용납되지 않는 매우 정교한 공정이다. 양태 작업뿐만 아니라 말총으로 엮어서 짜는 총모자(대우) 작업과 양태와 총모자를 결합하여 갓을 최종적으로 완성하는 입자 작업에도 극한의 인내심과 고도로 숙달된 초정밀 기술이 필요하다. 이 과정의 치밀함과 최고 난도의 기술을 글로 자세히 표현하기에는 한계가 있다. 아래에 갓 제조 공정을 요약하여 기술한다.

1. 양태 직조 공정

가는 죽사를 엮어 양태를 만드는 공정이다. 양태는 전라도와 제주도 등지에서 자라난 대나무로 만든다. 잘 보관된 대나무를 30cm 이상 길이로 자른 후 이를 폭 1.5cm 정도로 10쪽~20쪽을 쪼갠다. 이것을 다시 세 겹으로 가르는데 이를 겉속, 중속, 겉대라고 한다. 이중 겉대를 2일 동안 물에 담갔다가 건져 내어 겉대가 최대로 얇아지도록 속을 다시 긁어낸다. 이 겉대를 굵기에 따라 날대, 절대, 빗대 3종류로 가른다.

이 세 가지 종류의 가는 죽사를 여러 가지 방법으로 서로 교차하여 양태를 직조한다. 직조 공정이 매우 복잡하고 세밀하기에 여기서 모든 「죽사직조공정」을 설명하기란 불가능하다. 직조한 양태를 인두로 곡선을 이루게 한다. 이를 「트집잡

양태 만드는 모습

출처 : 제주민속자연사박물관

기」라 하는데 우리가 현재 사용하는 '트집을 잡는다'라는 말이 여기에서 비롯되었다. 트집이란 말은 본래 옻나무의 껍질에 흠을 내어 옻을 채취할 때 쓰는 말이다. 이 공정이 끝나면 철대와 지밀대를 양태의 바깥쪽과 안쪽 가장자리에 붙여 양태를 빳빳하게 만든다.

2. 총모자(대우) 제작 공정

대우를 죽사로 만들면 죽대우이고 말총으로 만들면 총모자 또는 총대우라 한다. 죽대우가 총대우보다 훨씬 견고하며 잘 찌그러지지 않는다. 먼저 모자골(모자

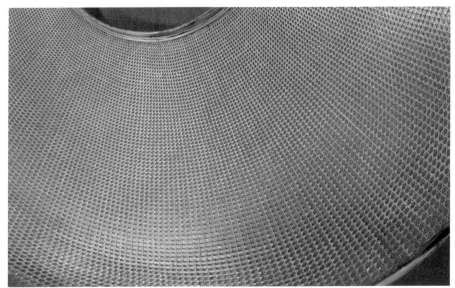

수작업만으로 정교하고 치밀하게 짜진 양태(챙)

2022. 6. 20 촬영, 정춘모 소장

「트집잡기」로 부드럽게 곡선을 이룬 양태(챙)

출처 : 국립민속박물관

형틀)을 골거리에 걸고 그 정상 면에 말총 여덟 줄을 열여섯 가닥이 되게 겹쳐서 한 묶음으로 하여 4묶음을 정자형으로 엮어 붙인다. 이때 모두 64줄이 되는데, 이를 날줄이라 부른다. 절임줄로 절이는 과정은 양태 절이는 방법과 같으며 아래 사진은 총모자 갓일로 평생을 보낸 제주 여인의 일하는 모습이다.

총모자를 모자골에서 빼내어 뒤집은 다음 먹칠을 하여 건조하는 것으로 공정이 끝난다. 총모자 한 개 제작에 최소 10여 일이 소요된다.

총모자(대우)를 모자골에 걸고 작업하는 모습
출처 : 제주대학교박물관

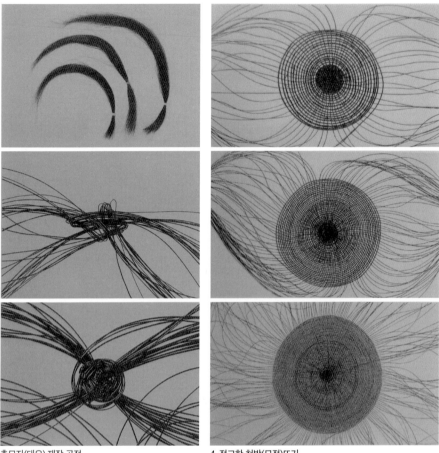

총모자(대우) 제작 공정
1. 재료 준비 / 2. 우물 '정' 모지기 / 3. 생이방석 엮기
출처 : 국립대구박물관

4. 정교한 천박(모정)뜨기
출처 : 국립대구박물관

무형 문화재 제4호 갓일 정춘모 입자장의 작업 모습

2022 6.20 촬영

3. 입자 공정 (양태와 대우 합치기)

이렇게 분업으로 만들어진 양태와 대우의 주재료는 대나무이거나 말총이다. 입자장은 양태와 대우라는 전혀 다른 형태의 부품을 연결한 후 여러 단계의 마무리 손질을 하여 한 개의 갓을 탄생시킨다. 좋은 갓을 만들려면 가늘고 얇은 재료가 필요하다. 그러나 죽사나 말총이 가늘고 얇으면 더욱 섬세하고 치밀하지만, 그 대신 단단한 형태를 유지하기가 어려워 쉽게 망가졌다.

이 점이 입자장이 해결해야 할 가장 중요한 공정이다. 입자장은 이점을 보완하고자 죽사나 말총으로 만들어진 대우와 양태 위에 죽사나 실 또는 천을 이중으로 쌓아 갓의 형태를 더욱 단단하게 만들었다. 이렇게 함으로써 갓이 견고해질 뿐만 아니라 갓 표면의 촉감이 매끈해져 갓의 품격을 더욱 높일 수 있었다. 갓의 가치를 한층 높일 수 있는 마지막 공정을 입자장이 맡고 있다.

더욱 자세한 갓 제조 공정을 알고 싶다면, 국회 디지털 도서관에 저장된 [양태 및 갓 공예, 이두현, 정상박 공저]와 [조선조 흑립에 관한 연구, 이은희 논문]을 참조하기 바란다.

운종가 입전
雲從街 笠廛 이야기

현재는 그 명맥이 끊어졌지만, 조선 시대 갓의 주 생산지는 통영과 제주도였다. 사람들은 제주도에서 나오는 갓을 제량 濟涼으로, 통영 갓은 통량 統涼이라 불렀다. 두 곳에서 생산된 갓의 대부분이 서울로 몰려들었다. 당시엔 갓뿐만 아니라 거의 모든 물화가 육지와 해로를 통해 서울로 집중되었다.

서울로 들어온 쌀과 건어물, 닭과 같은 가금류, 각종 소반과 상, 소금, 면포, 종이, 가죽, 놋그릇과 사기그릇류, 철물, 의복, 우산류와 갓 등 모든 생필품이 종로에 빼곡하게 들어서 있는 육의전 六矣廛과 시전 행랑에서 팔렸다. 이뿐만 아니라 장례에 필요한 등 燈과 상장 喪章, 삼베옷 일체를 비롯하여 필요하다면 자손들에게 통곡과 눈물까지도 빌려주는 곡비[8] 哭婢들을 공급하는 장례 전문점도 있었다.

---

8) 상갓집에서 품삯을 받고 대신 울어주는 여인을 말하며 중국에는 지금도 곡상부 哭喪婦라는 직업이 있다.

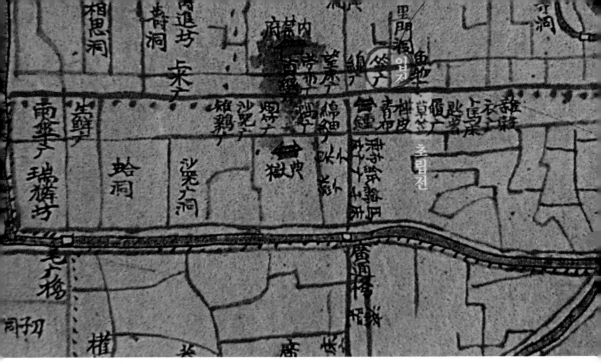

종로 운종가
출처 : 청구요람(부분) 서울대학교규장각한국학연구원

　　이 지역은 전국에서도 상품 매매와 소비가 가장 많이 이루어지는 곳으로 '사람
과 재물이 구름처럼 몰려든다.'라고 하여 사람들은 운종가 雲從街라 불렀다. 운종
가는 현재 광화문에 있는 우정청에서 시작되어 동쪽으로 종로 3가 탑골공원 근처
까지의 거리 양편을 가리키는 말이다. 양편이라고 하나 가게들은 거의 보신각 종
루가 있는 남쪽 편에 많이 있었다. 위 지도에서 보는 것처럼 초립전, 백립전, 흑립
전과 같은 갓을 파는 입전 笠廛들이 한데 모여 있지는 않았다. 그 이유는 입전들
이 각기 취급하는 물화에 따라 독립적이었기 때문이다. 청계천 변 수표교 근처에
도 갓 공방과 파립전을 비롯한 입전들이 있었다.[9]

―――――
9) 저자 주 : 당시에 입전 立廛이라 하면 중국 비단을 파는 곳을 말한다. 갓을 파는 입점 笠廛들은 초립전, 백립전, 흑
　　립전 등으로 취급하는 상품에 따라 달리 불렀다.

운종가의 가게들은 요즘으로 말하자면 전문화 상점이라 할 수 있다. 쌀가게도 상미 上米를 파는 상미전과 하미 下米를 파는 하미전이 따로 있고, 그릇도 사기그릇을 취급하는 가게와 놋그릇을 파는 가게로 나뉘어 있었다. 신발도 고급 가죽신과 당혜는 이서전 履鼠廛에서, 짚으로 엮어 저렴한 미투리는 승혜전 繩鞋廛에서, 나막신은 초물전 草物廛에서 팔았다. 운종가에서는 한 상점에서 한 가지 종류의 물건만을 취급해야 한다는 일물일전 一物一廛의 원칙이 철저하게 지켜졌기 때문이다.

입전도 운종가의 다른 상점과 마찬가지로 일물일전의 원칙을 지켜, 취급하는 갓 종류에 따라 전문화되어 있었다. 풀이나 누런 대오리로 만든 초립만을 파는 초립전 草笠廛, 국상이나 개인의 상중에 쓰는 흰 갓[10]만을 파는 백립전 白笠廛, 검은 갓만을 파는 黑笠廛, 무관이 썼던 전립을 파는 氈笠廛, 삿갓을 파는 사립전 簑笠廛, 헌 갓만을 파는 파립전 破笠廛으로 나뉘어 있으며 이를 모두 통칭하여 운종가의 입전으로 불렀다.❹ 이 가운데 국상용 흰 갓만을 파는 백립전은 국상을 당했을 때 백립의 수요가 일시적으로 폭등하는 것을 기화로 사재기를 하여 폭리를 취하는 일이 잦았다.

물론 모든 가게가 그런 것은 아니었으나, 쌀가게도 하미전과 상미전으로 나눠진 것처럼 같은 종류의 물건이라도 반가에서 필요로 하는 고급 제품과 서민층의 저가품을 함께 취급하는 가게가 많지 않았다. 다시 말하면 운종가의 시전 행랑들도 반상의 차별이 극심한 계급 사회인 조선에서 예외가 아님을 입증하고 있다.

운종가의 시전 가운데 갓을 파는 입전은 주로 보신각 종루 근처에 있었으며,

---

10) 저자 주 : 흰 갓을 백립 또는 백포립 白布笠이라 불렀는데 이는 대나무로 만든 갓에 흰 삼베를 입혔기 때문이다.

504

보신각 종루의 갓 파는 상점
출처 : 국립민속박물관

모든 가게 가운데 종일토록 가장 붐비는 가게가 바로 입전이었다. 가게뿐만 아니라 갓을 파는 노점도 사정은 마찬가지였다. 입전이 가장 붐비는 이유는 대체로 간단하다. 첫째, 극상품에서 저가품에 이르기까지 갓의 등급이 다양했다. 둘째, 조선 말기에는 신분을 가리지 않고 누구나 갓을 착용했다. 셋째, 조선인은 다른 것에 관해서는 매우 단순하고 관대하나 갓을 고를 때만은 한 치도 양보하지 않았다. 즉 수중의 돈을 가늠하여 최고로 높은 가성비의 갓을 찾기 때문이다. 생각해보라, 얼마나 많은 시간이 소요될 것인가를.

프랑스 학자 조르쥬 뒤크로는 자신의 저서에서 갓을 고르는 사람들로 붐비는 운종가의 입전을 재미있게 묘사하고 있다.

> 어쨌든 가장 사람이 북적거리는 곳은 갓 장수네로, 한양 한복판의 종각 근처 상가에 가서 손님이 얼마나 많은지 또 얼마나 진지한 표정으로 갓을 고르는지를 보아야 한다. 조선 사람들은 일반적으로 단순한 것을 좋아하지만, 모자만은 예외여서 값이 나가는 고급품을 선호한다.❺

같은 모양의 갓이라도 어떤 재료를 이용하여 어떻게 만드느냐에 따라 등급이 천차만별이라 갓을 고를 때에는 오랜 시간 동안 고도의 집중력을 발휘해야만 했다. 때로는 갓에 관해서만은 주인보다 더 전문가인 손님 사이에 흥정을 넘어 주먹다짐까지 벌어져 순검이 출동하는 일도 종종 일어났다. 조선 남자라면 너나없이 갓에 대해서만큼은 눈곱만큼도 양보할 아량이 없기 때문이었다.

다른 것도 아닌 조선인들이 목숨처럼 여기는 관모 가운데에서도 가장 으뜸인 갓에 있어서랴.

갓,
서양인의 상반된 인식

100여 년 전 이 땅을 밟았던 서양인들은 호기심 어린 눈초리로 이곳저곳을 둘러보고 많은 기록을 남겼다. 그들의 기록이 아니었다면 이미 오래전에 우리를 떠나 희미해진 일들을 이제 와 다시 반추해 내기란 여간해서 어려운 일이 아니다. 기록을 남긴 그들에게 특별히 감사하는 마음이다. 어떤 이는 자신이 성장한 유럽과 한국의 문화를 비교하며 냉정하면서도 비판적인 기록을 남겼는가 하면 또 어떤 이는 연민이 넘치는 기록을 남기기도 했다.

때로는 기분이 상할 정도로 불쾌한 기록을 만날 수도 있다. 그렇더라도 그 기록은 우리에게 소중하다. 그들이 처음부터 조선과 조선인을 비하할 목적으로 기록을 남겼다면 여기에 옮길 가치도, 읽을 필요도 없지만, 그들이 조선을 위한 선의를 가지고 진지한 통찰력으로 비판했다면 우리가 굳이 이를 배척할 이유가 없다.

이들은 대부분 이 땅에 의료와 교육, 그리스도의 복음을 전하기 위해 자신을 희생했던 선한 사마리아인들이기 때문이다. 다만 우리가 유념해야 할 점은, 당시 서양인들이 남긴 글 행간에 숨어있는 백인 우월주의와 비기독교 사회인 동양을 깎아내리는 불합리한 독선과 비하 의식이다.

이 책에 서양인의 다양한 기록을 인용하는 것은, 그들의 시각과 인식이 특별히 뛰어나서가 아니다. 우리는 때때로 내가 보는 나와, 남이 보는 내가 참 다르다는 것을 느낄 때가 많고 남이 도대체 나를 어떻게 보고 있는지 매우 궁금하기도 하다.

따라서 그들의 현장감 넘치는 목격담은 우리를 옹졸한 국수주의로부터 보호하며 자성하게 하는 계기가 될 수도 있다. 100여 년 전 폐쇄된 한반도에서 살던 조선인들도 자신들의 문화와 문명을 보는 서양인의 시각이 무척 궁금했을 터이다. 물론 그때와는 전혀 다른 세상에 우리가 살고 있지만, 지금도 서양인의 시각에 대해 호기심을 품는 것은 자연스러운 일이 아닌가?

특히 조선의 갓을 보는 그들의 시각이 무척 흥미롭다. 어떤 이는 갓이 나타내는 외형의 화사함과 도도함에 압도당하여 갓의 예술적 가치에 주목하기도 했으나, 어떤 이는 그 모습이 우스꽝스럽다고 조롱하기도 했다. 이 땅에 처음 온 서양인들이 그렇게 느꼈다면 그들의 인식과 기록을 존중해야만 한다. 또 실용성을 중요시하는 어떤 독일인은 갓을 가장 모자답지 못한 모자로 평가하기도 했다. 그들의 시선으로는 갓은 햇빛이나 바람, 추위 또는 위험으로부터 착용자를 보호하기에는 너무 얇고 투명하며 섬약했기 때문이었다. 그러나 그들이 조선의 모자를 어떤 시각으로, 어떻게 기록했든 간에 그 시절 조선의 모자 문화는 서양인들이 놀랄 만큼 선진적이었던 것은 부정할 수 없는 사실이다.

갓을 쓴 조선의 양반들은 한결같이 고개를 곳곳이 세우고 머리를 경망스럽게 흔들지 않으며 넓은 보폭으로 의젓하게 걷는다. 이런 조선인을 보면서 어떤 서양인은 문득 의문을 가졌을 것이다. 나라를 빼앗긴 터에도 상류층 인사들이 이렇게 위풍당당할 수가 있을까? 아니면 다른 이유가 있을까?

침략자에게 저항할 생각은커녕 심지어 그들의 눈 밖에 나지 않고자 팔을 걷어붙이고 서로 경쟁하던 사대부 양반들도 당시에 적지 않았다. 엄혹했던 시절, 조선의 부끄러운 자화상이다. 이런 작태를 본 서양인들이 이들의 허세를 경멸할지라도 우리가 서양인을 탓할 일은 아니다. 걸음걸이가 당당하다고 해서 그들의 삶도 당당했으리라고 믿는 서양인은 없었을 터이니 말이다.

나라를 빼앗긴 사람들의 이 의젓한 몸가짐과 걸음걸이는 500여 년 동안, 이 땅을 관통했던 성리학의 세계에서 몸에 밴 습성이었으며 또한 갓이라는 관모의 물리적인 기능과 형태에서도 많은 영향을 받았다. 갓은 다른 관모류와는 달리 깊숙이 눌러 쓰지 않고 머리에 살포시 얹어 놓는 관모이기에 착용자에게 몸가짐의 절제를 요구한다. 따라서 갓을 쓰는 사람에게 가장 필요한 덕목은 침착함과 진중한 몸가짐이었으므로, 서양인들의 눈에는 갓을 쓴 조선 선비들이 의젓하게 보이는 것은 어찌 보면 당연한 일이 아니겠는가?

영국의 부영사로 조선에서 근무했던 칼스[11]는 자신의 여행기에서 조선의 모자 가운데 갓의 모양을 다른 이보다 상세하게 설명하고 있다.

> 이런 종류가 있지 않을까 하고 생각했던 것 한 가지만 빼고, 온갖 모양으로 만든 모든 종류의 모자를 도처에서 볼 수 있다. 쪼갠 대나무 또는 말총을 엮어서 만든 원뿔 모양의 검정 모자가 있는데, 이 모자에는 간혹 귀 앞쪽으로 튀어나오게 날개를 달기도 한다.(중략) 무엇보다도 특이한 것은 높은 원뿔 모양의 모자 꼭대기에 툭 삐져나오도록 기름종이로 덮어 만든 작은 벌통 같은 것인데, 모자를 비에 젖지 않도록 해준다.[6]

칼스의 설명이 충분치는 않으나, 갓끈이 매여 있는 곳의 작은 관자를 날개로 묘사하며 이와 함께 우산 모자(갈모)도 말하고 있다. 칼스는 그의 저서 『조선 풍물지』에서 갓의 중요한 형태적 특징을 웨일스 여자가 쓰는 고깔모자에 비유하기도 했다.[7] 당시 칼스를 포함하여 조선을 방문했던 영국인들은 갓과 가장 유사한 형태의 모자로 웨일스 여자가 쓰던 고깔모자를 예로 들고 있었다.

---

11) William Richard Carles 1848~1929 영국의 외교관

프랑스인의 눈에 비친 갓은 어떤 것일까? 프랑스의 달레 신부[12]는 그의 저서에서 조선의 갓을 이렇게 평했다.

갓은 도저히 이해할 수 없는 모자이다. 바람도, 비도, 햇빛도 막아주지 못하는 불편함과 비실용성 때문에 갓은 괴상하고 우습고 미개한 물건으로 평가된다.[8]

거의 같은 시대, 같은 장소에서, 같은 물건을 보면서도 달레 신부와 천문학자 퍼시벌 로웰은 전혀 다른 인식을 보여줬다. 로웰은 더 나아가 서구식 측정 단위를 사용하여 더욱 객관적이고도 구체적으로 갓의 지름과 높이를 수치로 기록하기도 했다. 갓의 외형과 재료의 섬세함에 관해서도 깊은 관심을 가진 로웰은 갓의 예술성을 이해하지 못하는 선교사들을 동정하기도 했다.

조선의 일반 야외용 모자인 갓은, 서양에서 유행하는 통이 높은 모자와 같은 등급을 매길 만한 훌륭한 발명품이다. (중략) 매우 잘게 쪼갠 대나무와 아주 가느다란 비단실이 재료로, 대나무는 비단이 짜이는 뼈대를 이룬다. 그러나 하도 섬세하게 짜이는 바람에 어느 것이 대나무이고 어느 것이 비단인지 거의 분간할 수 없다. 더 싼 재료로는 말총을 쓴다. 갓은 짤 때의 섬세함은 물론이고, 기하학적인 모양이 매우 아름답다. 만일 재단을 해서 만들어졌다면 이런 아름다운 모양이 되지 않았을 것이다.[9]

---

12) Charles Dallet 1829~1878 「한국천주교회사 Histoire de L'Eglise de Corée」를 집필했다.

화가였던 영국인 새비지 랜도어는 외교관이나 정치인과는 약간 다른 시각을 가졌다. 그는 가느다란 대오리나 말총을 그물처럼 엮는 정교한 과정 끝에 완성된 갓이야말로 훌륭한 예술작품이라고 이해했다. 그가 조선인의 초상화를 그리면서 갓을 긴 시간 관찰했을 터이고 그 결과, 갓의 예술성을 이해하게 된 것이 분명하다. 미술가였던 랜도어의 이러한 인식은 당연히 서양의 갓 수집가들에게 긍정적으로 작용했다.[10]

서양인의 눈에 비친 조선과 조선인

퍼시벌 로웰은 갓의 독특한 외형과 예술적 가치뿐만 아니라 갓이 지닌 사회적 의미도 파악하고 있었다. 그는 "갓을 쓴 사람은 비로소 갓에 의해 법적, 사회적, 가부장적으로 한 남자가 된다."라고 하여 당시 갓의 사회적 의미를 충분히 인식하고 있었다. 양반 가문의 소년들이 관례를 통해 갓을 쓰게 됨으로써 신체의 나이와 관계없이 사회적 성인 남자로 인정받았던 사실을 말하고 있다.

조선에 온 서양 선교사들이 양반가의 사랑방에 들어갈 때 벽에 걸려 있는 관모를 보고 상석과 하석을 구별했다. 갓이 걸려 있는 곳이 상석임은 물론이다. 이들은 갓이 함축하고 있는 가부장적 의미까지 충분히 파악하고 있었다.

한편 왕립학교인 육영공원의 미국인 교사였던 길모어 G.W. Gilmore는 갓의 의미를 좀 더 깊이 파악하고 있었다. 그는 갓이 기혼자의 상징일뿐만 아니라 존경의 표시임을 이해했다. 길모어는 육영공원의 학생들이 주로 상류층 자제들이었기에 이들과 자주 만나면서 예 禮의 표현이라는 갓의 유교적 의미를 알게 된 것으로 보인다. 그는 "다른 계급의 사람들이 각기 다른 형태의 모자를 착용한다."라고 기록했는데, 길모어 역시 신분을 상징하는 조선 모자의 사회적 의미를 충분히 이해하고 있음을 알 수 있다.

프랑스에서 온 조르주 뒤크로는 더 나아가 갓을 어떻게 착용하느냐에 따라 신분과 계급이 다르다는 점까지 깊이 이해하고 있었다.

조선에 오래 살아 본 후에나 비로소 갓이 나타내는 계급의 표시를 잘 알게 되며, 갓을 제대로 점잖게 쓰는지에 따라 그 사람이 속한 계급과 그 사람이 받은 교육의 정도를 가늠하게 된다. (중략) 한마디로 갓을 쓰지 않은 조선인은 상상할 수 없으며, 갓은 약하면서도 귀중한 물건이라 항상 머리 위에 단단히 놓여 있다. 황제가 지나갈 때도 조선인은 절은 하여도 갓을 벗어 인사하는 법은 없다.[11]

이처럼 조선의 모자가 함축하고 있는 다양한 의미와 상징적 기능을 깊이 있게 파악했던 서양인이 있는가 하면, 일부 서양인은 때때로 갓 그 자체와 갓을 쓴 조선 선비를 경멸하는 태도를 드러내기도 했다. 한 예로 그리피스[13]는 그의 저서에서 갓의 형태와 갓을 쓴 조선인의 외모에 관해 이렇게 표현했다.

조선은 확실히 큰 모자를 쓰는 나라이다. (중략) 갓은 고지에서 내리뛰는 낙하산의 역할을 능히 해낼 수 있을지도 모른다. 널찍한 갓 아래 이 대관은 자기의 처자식을 가릴 수가 있다. 사람의 수는 갓의 수로 헤아리기 때문에 갓

---

13) William Eliot Griffis, 1843~1928 미국의 저술가, 교수, 목사

은 머리나 코 대신에 셈의 단위 구실을 한다. (후략)[12]

그리피스 목사는 갓이 조선이라는 나라에서 유교적 존엄의 상징이며 심지어 사후에도 망자의 관 위에 놓일 정도로 소중한 물건임을 잘 알고 있는 사람이었다. 이런 식견을 가졌으면서도 의도적으로 갓을 조롱하고 깎아내렸던 그의 태도는 당시 조선을 깔보는 일본인의 편견이 그의 의식에 각인된 결과로 보인다. 이 책을 일본에서 집필하던 무렵인 1870년대에 그리피스는 조선을 방문한 적이 없었다.

주제를 벗어났지만, 서양인이 집필한 한국사 가운데 1882년에 그리피스가 쓴 『은자의 나라, 한국 Corea : The Hermit Nation』은 훨씬 뒤인 1906년에 헐버트 Homer B. Hulbert 박사가 쓴 『대한제국 멸망사 The passing of Korea』와 함께 쌍벽을 이루는 것으로 평가받고 있다. 그러나 그 내용은 다른 바가 많다. 헐버트 박사는 거의 반평생을 한국에서 살면서 한국 측의 사료를 근거로 집필했던 반면에, 그리피스는 일본에 거주하면서 주로 일본 측의 사료에 의존해 집필했기 때문이다. 따라서 그리피스의 저서를 읽을 때는 독자들의 세심한 주의가 필요하다.[13]

그러나 문제는 1870년대부터 일기 시작한 한국에 관한 서양인의 호기심을 충족할만한 서적이 그리피스의 저서 외에는 거의 없었다는 점이다. 따라서 한국을 방문하려는 선교사나 사업가, 외교관 그리고 유럽의 역사, 지리학도들은 최초로 출간된 그리피스의 한국 역사서를 참고할 수밖에 없었다.

책이 출간된 지 40여 년이 흐른 1926~1927 무렵, 그리피스가 한국에 잠깐 머물다 간 이후, 한국 역사와 한일 간의 역사를 보는 그의 인식에 많은 변화가 있었다는 사실을 그의 저서 『한국에 대한 일본의 부채 Japanese Debt to Korea』와 『일본에 미친 한국의 영향 Reviews on the Influence of Korea upon Japan』에서 알 수 있다.

이외에도 갓과 한국인의 국민성을 연계하여 조롱하고 노골적으로 멸시하는 유럽인이 꽤 있었다. 이들 대부분은 1904년 러일전쟁 취재차 도쿄에 체류하던 신문 기자들로 이들은 일본 정부로부터 귀동냥으로 얻어들은 정보를 근거로 한국에 부정적인 기사를 작성하여 본국에 송고했다. 일본 정부는 국수주의 학자들을 동원하여 한국을 헐뜯는 부정적이고 왜곡된 정보를 만들어 유럽에서 온 기자들에게 끊임없이 공급했다.

그것은 주로 이런 내용이었다. "조선인은 게으름뱅이, 불결한 자, 부정직한 자, 배려심이 없고 도덕적 정신이 전혀 없는 자, 공공의식이 모자란 자들이다." 또는 '일본이 오래전에 한반도를 식민 지배했다.'라는 등 조선인을 헐뜯거나 역사를 왜곡하는 내용이었다. 어떤 일본인 제국주의자는 "조선인은 독립심이 결핍되고 무武의 정신이 부재하며, 근검절약의 덕이 부족하며, 허언과 수사와 위선이 과다하다."라는 논설을 일본의 언론매체에 싣기도 했다. 일본 정부는 한국 식민 통치의 정당성을 합리화하고자 이런 비열한 방법을 취했으며, 이러한 홍보전을 식민 통치가 종식될 때까지 계속했다.

다시 주제로 돌아와, 한국에 왔던 서양인에게는 갓이야말로 가장 한국적이고도 특이한 민속품이었다. 갓의 특별한 외형과 재료, 섬세하고도 정교한 제작 방법을 관찰했던 그들의 관심은 갓이 지닌 독창성과 예술성을 분별하는 수준에까지 이르기도 했다. 이처럼 서양인 가운데 갓의 개성과 사회적 용도까지 이해하는 사람도 있었으나 이는 극소수에 불과하고 많은 서양인은 의도적으로 왜곡된 정보에 익숙해져 있었다.

갓과 한국인의 민족성을 대하는 미국인의 비합리적인 인식을 보여주는 기록이 있다. F.H. 제닝스는 자신의 저서 『워싱턴 국립박물관에 소장된 한국의 모자 Korean head dresses in the National Museum, Washington』에서 갓을 한국의 국가 모자로 소개하며 갓의 양태가 넓었던 이유를 이렇게 기술하고 있다.

> 음모자들이 서로 소곤대는 것을 막고자 뻣뻣한 챙(양태)을 만들어 일정 거리를 유지하게 했다. 이는 모든 사람을 의심하는 한국인의 국민성을 나타낸다.❶

서양인의 텍스트에서는 일본 정부의 의도된 정보에 기반한 인식 외에도 근본적으로 동양 문명과 비교하여 서양 문명의 우월성을 강조하는 서양 우월주의적 편견과 태도가 종종 보인다. 거의 인종주의에 가깝다고 해도 지나친 말은 아니다. 특히 이 당시 영국과 미국에서 온 러일전쟁의 종군 기자와 자칭 지식인 가운데 제국주의 이데올로기를 가진 인물들이 조선의 문명과 조선인, 조선의 갓에 경멸을 숨기지 않았다. 이를 대표하는 인물이 영국의 기자 위검[14] 과 러일전쟁 종군 기자로 왔다가 『조선 사람 엿보기 La Corée en feu』를 집필했던 미국의 사회주의 작가 잭 런던[15] 이다.

잭 런던의 기록이다.

> 조선인은 그들의 상전인 왜놈들의 몸집을 훨씬 능가하는 근육이 발달한 건장한 민족이다. 그러나 조선인에게는 기개가 없다. 일본인을 훌륭한 군인으

14) H.J. Whigham 1869~1954 영국의 작가, 골프 선수, 종군 기자
15) Jack London 1876~1916 미국의 소설가, 종군 기자

로 만들어주는 맹렬함이 조선인에게는 없다.(중략) 씩씩한 인종과 비교해보
면 조선인은 힘이 없고 여성스럽다. 실제로 조선인은 의지와 진취성이 절대
적으로 부족한 지구상의 모든 민족 중에서 가장 비능률적인 민족이다. (후
략)[15]

이러한 견해는 1904년에 발발한 러일전쟁 이후부터 보도되기 시작했다. 러일
전쟁 발발 이태 전 영국은 러시아의 남하를 막고자 일본과 영일동맹을 체결하여
일본을 영국의 공식적인 동맹국으로 만들었다. 따라서 영국인들이 조선과 조선의
문명에 대해 비과학적인 우월감을 가졌던 것은, 당시의 국제정치적 환경에서도
큰 영향을 받았음이 분명하다.

1904년 러일전쟁 취재차 한국에 온 영국인 기자 위검의 기록이다.

헐렁한 희색 로브(두루마기)를 입고 넓고 평평한 테와 턱 아래에 리본이 있
는 우스꽝스러운 말총 모자를 쓴 한국인을 보자면, 그리고 소처럼 응시하는
모습과 듬성듬성한 수염이 있는 흔들거리는 턱을 고려해볼 때, 당신은 그를
퀘이커 교도와 상냥한 염소의 중간쯤으로 묘사할 수 있을 것이다.[16]

영국의 식민제국주의 정책을 적극 지지했던 위검은 한국의 전통과 갓의 진정
한 의미에는 관심을 두지 않고, 그저 갓 쓴 한국인을 사람과 동물의 중간쯤인 우
스꽝스러운 존재로 희화화하고 있다. 이처럼 서양인이 갓에 관해 갖고 있던 지식
대부분은 한국인이 갓에 부여했던 전통적 의미와는 전혀 관련이 없었다. 이들의
기사에서 이 무렵 서양인들이 공유하고 있던 식민제국주의 사상의 견고한 사유의

얼개를 고스란히 볼 수 있다.

식민제국주의가 팽배하던 시절, 강대국의 시민들은 자국의 문명과는 다른 타 문명을 존중하지 않았고 일부는 극도의 백인 쇼비니즘 chauvinism[16]에 젖어 있었다. 결국, 그들은 자신들이 구축한 문명과 거기에서 파생된 지식의 범위를 벗어나지 못한 문명의 문맹자였으며 의식적이거나 혹은 무의식적으로 식민제국주의라는 폭력에 동참했다.

하지만 한국과 한국인이라는 관찰 대상을 두고 상반된 의견을 가진 서양인들도 꽤 있었다. 1886년 육영공원의 교사로 왔던 호머 B. 헐버트[17]는 한국에서 반평생을 살았으며 지금은 서울의 양화진에서 영면하고 있다. 그는 한국인보다 한국을 더 사랑했던 사람이다. 헐버트는 필생의 역작인『대한제국 멸망사』의 첫 페이지에 다음과 같은 헌사를 남겼다.

> 지금은 자신의 역사가 그 종말을 고하는 모습을 목격하고 있지만, 장차 이 민족의 정기가 어둠에서 깨어나면 '잠이란 죽음의 가상 假像이기는 하나' 죽음 그 자체는 아니라는 것을 증명하게 될 대한제국의 국민에게 이 책을 드립니다.[17]

그는 일제의 침탈로 멸망한 대한제국을 보면서도 한국인은 잠을 자고 있을 뿐 곧 깨어나리라고 확신했다. 1900년대 초 선교사로 한국에 온 버이 삐떼르 Vay Péter 신부는 1902년 고종을 최초로 알현했던 헝가리인이다. 헝가리 정부의 국가기록관은 그가 남긴 한국 기행문과 일기를 빠짐없이 소장하고 있다. 삐떼르 신부

---

16) 광신적이고 폐쇄적인 국수주의이다. 일종의 파시즘으로 극단적인 배외주의를 말한다.
17) Homer B. Hulbert 1863~1949 미국인으로 조선의 왕립학교인 육영공원 교사, 언론인, 저술가, 역사학자이다.

의 일기에서 일부를 발췌했다.

> 한국인은 세련된 취향을 가지고 있어서 그들의 예술은 너무나 매력적이다.
> 한국은 쇠퇴하고 있었지만, 한국인은 여전히 품위를 간직하고 있었다. 거리
> 의 미천한 사람마저 예의와 품위를 갖췄으며 나는 일찍이 다른 나라에서 이
> 러한 고귀함을 본 적이 없다.(중략) 한국인들은 일본의 침략자들보다 우수
> 하다. 한국은 다시 주권을 찾을 것이다. (후략)[18]

바야흐로 식민제국주의 강대국의 사람들은 대부분 식민 통치하에 있는 나라
와 그 국민을 비하하고 멸시하던 때이다. 일제의 침탈로 수난을 당하던 한국을 그
누구 하나 돌아보지 않을 때, 헐버트와 삐떼르 신부는 고립무원에 처한 한국을 애
틋한 눈으로 바라보았다. 두 사람 모두 한국의 미래를 예언했던 것이 아니라 그렇
게 되어주길 바라는 희망을 품었으리라.

희망이란 인생길의 아주 훌륭한 길동무이기는 하지만, 대체로 그릇된 친구이
다. 희망은 때로는 드물게 길을 잘못 들기도 해 이루어지는 일도 있다. 이렇게 모
호하나마 한국을 향해 희망을 품은 사람들도 간혹 있었지만, 19세기 말~20세기
초에는 미국의 루스벨트[18] 대통령과 같은 식민제국주의 사상에 투철한 인물들의
득세로 이미 세계의 평화는 깨진 지 오래되어, 한국과 같은 약소국들의 운명은 말
그대로 풍전등화였다.

이 무렵 한국을 찾았던 일부 서양인들은 수천 년의 역사를 가진 이 나라가 일
본의 식민지로 전락할 위험에 처한 것을 보며 깊은 연민에 잠겼다. 하지만 루스벨

---

18) Theodore Roosevelt Jr. 1858~1919 미국의 제26대 대통령으로 1901년부터 1909년까지 재임했으며
1907년에는 러일 강화조약을 주선하여 노벨평화상을 수상했다.

트는 한국과 같은 약소국에는 전혀 관심이 없었으며 또한 관대하지도 않았다. 그는 오직 적자생존과 약육강식이라는 자유방임적인 생존경쟁에 기반한 사회진화론[19]의 시각으로 국제정세를 파악했다. 루스벨트는 생물학적으로 강한 것을 추종하는 백인 우월주의자였으며 호전적인 식민제국주의자였다.

특히 유색인종을 대하는 루스벨트의 인식은 아주 독특하다. 1904년 세인트루이스에서 있었던 세계 박람회장에는 루스벨트의 지시로 미국의 식민지였던 필리핀에서 1,200명의 필리핀인이 끌려와 전시되었다. 필리핀인들은 자기들이 어느 곳에서 어떤 식으로 전시되는지 아무런 정보도 듣지 못한 채 끌려왔다. 당시 루스벨트는 "필리핀인들은 미국이 자비심을 가지고 돌봐 줘야 하는 원숭이 인간"이라고 했다.

미국인들은 정의와 문명이라는 이름으로 자유와 독립을 원하는 필리핀인들을 학살했다. 1896년부터 1909년까지 매킨리와 루스벨트가 미국 대통령으로 재임 시의 미국이 필리핀을 식민지로 확보하고자 얼마나 많은 필리핀 사람들을 죽였는지는 지금도 잘 알려지지 않고 있다.

루스벨트의 식민제국주의 정책으로 한국과 필리핀은 각각 일본과 미국의 식민지로 전락하고 말았다. 루스벨트는 앵글로색슨족의 번영을 위해 태양을 따라 줄곧 서쪽으로 이동해야 한다는 주술적인 꿈을 가지고 미국을 제국주의로 인도했다. 이때를 기점으로 미국은 자국의 이익을 위해서라면 자유, 평등, 정의라는 청교도 건국이념을 외면하고, 인류의 보편적인 가치마저 훼철 毀撤하는 독특한 앵글로 색슨족의 나라로 변해갔다.

---

19) 19세기 중반 허버트 스펜서가 찰스 다윈의 진화론에 근거하여 인간 사회도 적자생존, 약육강식의 전제하에 발전한다고 주장했던 이론

갓,
신분을 나누는 경계

갓은 조선 시대 중반까지 양반과 중인 계급의 성인 남자가 쓰던 쓰개이다. 이 말은 중인 이하의 신분인 양민과 천민은 쓸 수 없는 쓰개라는 말로 모자의 착용에서조차 신분의 차이를 극명하게 드러내고 있다. 조선은 사회적 신분체계가 고도로 발달한 나라인 만큼 관모를 포함한 복식부터 반상의 차이를 시각화하였다. 그 가운데에서도 갓은 특별한 지위를 갖는다.

갓은 머리에 쓰는 쓰개의 일종이지만, '의관을 정제한다.'라는 말에서 알 수 있듯이 갓에 맞는 의복과 함께 착용해야만 비로소 의관을 정제할 수 있었다. 따라서 조선의 선비들은 의복에 부여했던 유교 이상과 신념을 갓에도 적용했음이 분명하다. 머리를 중요하게 여기는 조선인에게 모자는 오히려 옷보다 더 강력하고 집약적인 신분 상징으로 작용했을 가능성이 크다.

조선 후기에 양반을 은유적으로 흑립자[20] 黑笠子라 부르곤 했는데 이는 갓이라는 사물과 인간인 양반 계층을 동의어로 사용할 만큼 두 개체가 깊이 연결되어 있기 때문이다. 조선에는 양반, 중인, 상민, 천민이라는 네 계급에 따라 의관을 달리해야 하는 사회적 합의가 있었다. 예를 들어 양반과 중인 계층에 국한하여 착용이 허가된 쓰개가 갓이다. 하지만 사회적 합의를 어김으로써 신분 질서를 교란하는 문제가 발생하면 조선 정부가 이에 적극적으로 개입하여 갈등을 조정했다.

숙종 때에는 흑립 가운데 최상품으로 치는 사립[21] 絲笠을 평민이 쓰는 것을 처벌하는 금제를 내리기도 했다.[19] 영조 때에도 '복식금제령'을 내려 선비가 아니면 관건 冠巾이나 사립을 아예 착용하지 못하도록 했다.

---

20) 검은 갓을 쓴 사람
21) 명주실로 엮어 표면에 옻칠을 한 갓

갓이 비록 양반과 사대부 계층의 관모였지만 갓을 썼다고 해서 모두 동일한 지위에 있음을 상징하지는 않았다. 갓의 최상부에 장식하는 정자 頂子나 입영 笠纓 (갓끈)에 따라 착용자의 지위와 직책을 구별했다. 정자와 갓끈의 재료는 관직의 품계에 따라 정해진 규정을 따르도록 법으로 제한했다. 이 제도는 조선 후기까지 시행되어 반상을 차별하는 신분의 경계로 작용했다.[20]

갓, 그 당당함의 정체성

갓의 상징성은 예에 따른 사회 질서의 확립이라는 유교 이상의 실천과도 관련이 있었다. 유교에서 예는 인간사를 조율하는 규범일 뿐만 아니라, 사회 질서 유지를 위한 준칙이자 세계와 우주 구성의 논리였다. 최익현은 의복이 "귀천을 나타내도록 한 것"이라 했는데 이는 의복의 신분 표시 기능, 즉 유교적 예의 실천적 의미를 말한 것이다. 조선 후기는 유교적 예학 연구가 활발하여 일상생활에서조차 예에 따른 질서가 강조되던 시기였다.

예에 따른 질서는 상·하·귀·천이라는 존비 尊卑 등급을 구별함으로써 실현되는데 이는 엄격하게 계급을 나누고 신분 질서를 유지하는 것만이 목적이 아니다. 등급이 분명하면 사람들이 서로 공경하게 되어 조화를 이루어 사랑하게 되므로 유교적 이상을 실현하게 된다고 성리학자들은 주장했다. 그러나 신분과 계급이 분명하면 유교의 이상이 자연스럽게 실현된다는 주장은 말 그대로 그들의 이상일 뿐이었다.

조선 사회에서의 의복은 유교 이상의 실천이자 사회 행위의 규범인 예를 표현할 수 있어야 했다. 이 예를 가장 쉽게 표현할 수 있는 신체 부위가 바로 얼굴과 머리이다. 이 가운데 머리에 쓰는 관모야말로 상대방에게 예를 표현할 수 있는 가장 중요한 수단이었다. 따라서 선비들은 혼자 있을 때나 손님을 맞이할 때도 언제나 갓을 단정하게 착용하는 것을 선비의 기본적인 예로 여겼다.

의복이 문명과 야만을 판가름하는 중요한 수단으로 인식되었던 만큼, 갓은 착용 여부에 따라 사람을 문명인으로 판단하게 하는 도구가 되었다. 따라서 조선 선비를 당당하게 만들었던 가장 큰 원인은, 갓을 착용함으로 자신이 문명인의 범주에 속하게 되었다는 사실이었다.

갓의 또 다른 의미는 갓이 사회적 신분 상징과 문명을 드러내는 표상을 넘어 착용자와의 관계에서 착용자의 일부가 되거나 자기를 표현하는 강력한 수단이 된다는 점이다. 즉 갓과 착용자인 선비는 둘로 떼어놓고 생각할 수 없을 만큼 두 개체 간의 근접성이 강하다. 이 특징은 이덕무의 시에서도 여실히 확인할 수 있다.

제주 갓은 매미 날개보다 엷고 고려 물감은 비취처럼 곱다. 평평한 마루는 하늘 구멍 막겠고 검은 돌림테는 개기 월식인 듯, 얼굴에 덮으면 잠깐 잠을 즐기겠고, 옆에 끼고 뛰면 어찌 크게 숨 쉴 수 있겠나, 습기 찰까 두려워 팽팽한 줄에 달아놓고, 때 묻을까 아끼어 갓집을 씌운다.[21]

이처럼 조선의 선비는 갓을 자신과 한 몸으로 여길 만큼 지극히 아꼈다. 갓은 사회적 신분 상징과 문명의 표상일 뿐만 아니라 착용자와 편안하게 함께 존재했던 소중한 물건이기도 했다. 이처럼 갓은 때로는 착용자의 행동과 마음가짐을 제한하는 수단으로 기능하기도 했다.[22]

갓은 조선의 전기와 중기엔 양반과 중인 계층에서, 조선 후기에는 일반 서민에 이르기까지 조선 전역에서 널리 사용되었다. 이에 따라 상당수의 유물이 국내뿐만 아니라 외국 박물관에도 소장되어 있다. 조선말과 대한제국기, 일제강점기에 한국을 방문하여 갓의 형태적 특이성과 예술적 가치에 주목했던 서양인들이 다량의 갓을 수집하여 귀국했기 때문에 지금도 외국의 유명 박물관에서 조선의 갓을 볼 수 있다.[22]

천문학자 퍼시벌 로웰의 기록에서도 조선 모자를 수집하려고 하는 서양인들의 욕구가 나타나 있다.

> 서양의 박물관이 체계적인 모자 수집의 중요성을 깨닫게 된다면 조선은 아마도 수집가의 천국이나 마찬가지일 것이다. 맑은 날·궂은 날 쓰는 모자, 실내용·야외용 모자, 일상용·궁정용 모자 등 정말로 많은 모자가 넘쳐나기 때문이다.[23]

갓장이와
갓 장인 匠人

해방 전까지만 해도 길거리 노점에서 갓을 고치는 모습을 가끔 볼 수 있었다. 그러나 갓의 수요가 줄어들면서 갓 일이 침체함에 따라 갓 일을 하는 갓장이도 자취를 감췄다. 이 사실을 파악한 대한민국 정부는 사라져가는 전통적인 갓 공예 기술을 보존하고자 1964년부터 갓일을 하는 갓장이를 국가무형문화재 제4호로 지정했다.

---

22) 조선의 갓은 영국의 케임브리지 고고인류학 박물관, 런던 호니만 박물관, 미국 뉴욕 브루클린 박물관, 필라델피아 예술 박물관 등 기타 여러 박물관에 소장되어 있다.

갓을 수선하는 노점
출처 : 헤르만 산더의 동영상, 1906년 촬영

　최초로 총모자장[23] 고재구 高在九(1897~1979), 양태장[24] 모만환 牟晩煥
(1887~1971), 입자장[25] 전덕기 田德基 (1897~1972), 김봉주 金鳳珠(1903~1977) 등 4명
이 국가무형문화재로 인정받아 이들은 갓장이에서 명실공히 갓 장인 匠人의 반열
에 올랐다. 1980년대에 모두 제주도 여성인 오송죽, 김인, 고정생이 2세대 갓 장
인으로 지정되었으나 모두 세상을 떠나고 현재는 2세대 갓 장인의 딸인 제주도

---

23) 갓의 위로 솟은 모자 부분(대우)을 말총으로 엮는 일을 하는 기술자
24) 대나무의 껍질을 잘게 잘라 대오리로 만든 뒤, 이를 둥글게 돌려가며 갓의 차양 부분(양태)을 엮어 만드는 작업
　　을 하는 기술자
25) 이미 만들어진 대우와 양태를 서로 이어 붙여 최종 마무리를 하여 갓을 완성하는 기술자

제주도 갓 전시관 내부
출처 : Visit Jeju 웹사이트

의 총모자장 강순자(1946~), 양태장 장순자(1940~) 2인과 입자장 정춘모 鄭春模 (1940~), 박창영 朴昌榮(1943~) 제씨가 국가가 공인한 장인의 바톤을 이어받아 갓 일을 하고 있다.[24] 이 가운데 정춘모 선생은 서울 강남에 소재한 「국가 무형 문화 재 전수교육관」에서 갓 공방을 운영 중이며, 양태장 장순자 선생은 제주도의 지원 으로 제주시 조천읍에 갓 전시관을 개관하여 관광객들에게 조선 선비의 전통 갓 이 어떻게 만들어지는지를 잘 보여주고 있다.

그나마 이분들의 노력으로 갓 일을 배우고자 하는 사람들에게 전통 갓 공예 기 술이 전수되어 겨우 명맥을 이어가는 실정이다. 갓 일이란 워낙 고되고 어려운 일 이라 이를 배우는데도 큰 결단이 필요하다. 갓을 쓰는 시대가 다시 오면 좋으련만, 과연 오기는 할까?

Frank Dadd의 그림-한국 해안가 시골의 밀밭에서
출처 : 국립중앙박물관 역사자료총서 17

갓과
조선인의 해학

성리학에 뿌리를 내린 계급 사회 조선에서 사대부와 선비로 이루어진 양반과 상민 계층 간의 소통이 원활했다고는 볼 수 없다. 무엇보다도 양 계급층에 속한 사람들이 살아가며 경험했던 세계가 상이할 뿐만 아니라, 사고의 범주마저 사뭇 달랐기 때문이다. 따라서 두 계급은 넘을 수 없는 선을 긋고 그 선을 넘지 않고자 자제했다.

보이지 않는 이 선을 강상 綱常의 도라 하여 이를 어길 때에는 엄중한 형률이 가해졌을 뿐만 아니라 사적으로도 잔혹한 폭력을 행사하는 일이 다반사였다. 따라서 법과 전통이라는 사회의 약속 안에서 양 계층이 자제력을 발휘했을 때에야 조선 사회는 비로소 안정을 기할 수 있었다. 이때 해학과 풍자는 서민들의 감정을 순화시켜 금도를 지키도록 기능했으므로 결과적으로 조선사회의 안정에 일정 부분 이바지했다고 할 수 있다. 이 역할이 해학과 풍자가 맡은 사회적 순기능이다.

특히 이 땅에 살았던 조선인들은 해학과 풍자의 달인들이었다. 양반 계급의 부조리와 부도덕성을 풍자하는 촌철살인의 감각이 뛰어났다. 그 가운데에 갓을 두고 풍자하는 속담이 유달리 많다. 그 이유는 갓이 양반 계층의 전유물이자 상징이었으므로 서민들이 양반들의 비행과 일탈을 갓에 빗대어 조롱하는 일이 많았기 때문이다. 양반층의 횡포에 시달리는 서민들은 저항과 체념을 풍자와 해학으로 치환하여 이를 은밀하게 즐겼다. 이때 서민들에게는 갓이야말로 흑립자[26]를 조롱할 수 있는 가장 만만한 대상이었음이 틀림없다.

조선 시대의 서민들이 즐겨 사용했던 갓과 관련된 속담을 이 책의 뒤에 부록으로 실었다.

---

26) 검은 갓을 쓴 양반을 말함

❶ 이은희, 논문 조선조 흑립에 관한 연구, 1986, p.4 재인용

❷ 이두현, 정상박 공저, 논문 '양태 및 갓 공예', 1965, 참조

❸ 백영자, 최정 공저, 한국복식문화의 흐름, 경춘사, 2014, p.252쪽 인용

❹ 「운종가 입전 2020」 서울역사박물관, 2020 참조

❺ 조르쥬 뒤크로, 가련하고 정다운 나라 조선, 최미경 역, 눈빛, 2001 p.89 인용

❻ 윌리엄 R. 칼스, 최근의 한국 여행 Recent journeys in Korea, 조융희 역, 한국학중앙연구원, 2019, p.23 인용

❼ 윌리엄 R. 칼스, 조선 풍물지, 신복룡 역, 1999, p.18 참조

❽ 심성택 외3인 공저, 프랑스인의 눈에 비친 한국, 경북대학교 출판부, 2010, p.279 재인용

❾ 퍼시벌 로웰, Choson, the land of the morning calm 1885, 위의 책 「운종가 입전 2020」 p.29 재인용

❿ 김순영, 앞의 논문 p.185 참조, 재인용

⓫ 조르주 뒤크로, 앞의 책, p.90 인용

⓬ W.E. Griffis, 은자의 나라 한국, 신복룡 역, 집문당, 1999, p.353 인용

⓭ W.E. Griffis, 위의 책 p.9~10 참조

⓮ 김순영, 앞의 논문 p.187 재인용

⓯ 잭 런던, 조선 사람 엿보기 La Corée en feu, 윤미기 역, 한울, 2011, p.61 인용

⓰ 김순영, 앞의 논문 p.187 재인용

⓱ Homer B. Hulbert, 대한제국멸망사, 신복룡 역, 집문당, 1999

⓲ https://www.youtube.com/watch?v=vm-KMjYfXcI&t=37s

⓳ 김순영, 앞의 논문, p.180 재인용

⓴ 김영숙, 한국복식문화사전, 미술문화, 1998, p.333 참조

㉑ 청장관전서, 민족문화추진회 역, 민족문화추진회 출판, 2002, p.203 인용

㉒ 김순영, 앞의 논문 p.181 참조

㉓ Percival Rowell, 내 기억 속의 조선, 조선 사람들, 조경철 역, 예담, 2001, p.269 인용

㉔ 선비의 멋, 갓, 국립대구박물관, 2020, p.60 참조

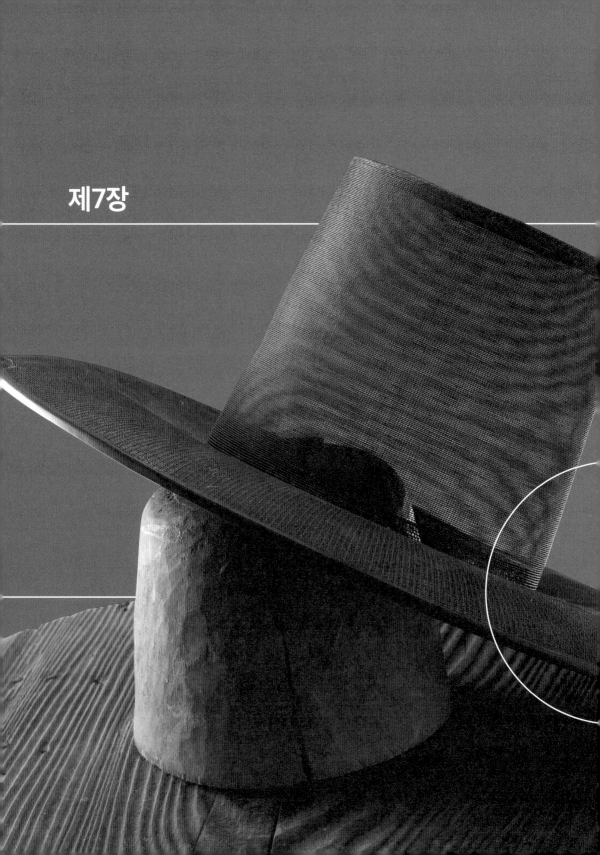

제7장

갓, 숨겨진 비밀

조선인의 우주관과 성리학의 상징

　　　　　　　　조선 선비들이 일상생활에서 착용하던 흑립 黑
笠은 뜨거운 햇빛은 어느 정도 가릴 수 있지만, 열과 냉기 또는 위험으로부터 머리를 보호할 수 있는 실용성은 전혀 없다. 그뿐만 아니라 갓은 미적인 면에서 충실도를 더하는 모자도 아니며, 권력자의 권위와 위엄을 특별히 도드라지게 내세우지도 않는다. 오히려 갓은 절제된 권위와 위엄을 함축하고 있다.

　조선의 갓은 모자의 실용성, 장식성, 상징성이라는 기능 가운데 실용성과 장식성인 미적 충실도가 없이 오직 유교적 예의와 개인의 명예, 자신의 신분을 상징할 수 있는 사회적 용도로 쓰이는 모자였다. 갓은 다른 용도의 모자와는 달리 그 형태에서 우주의 원리와 성리학의 이론을 구상화하고 있지만, 때로는 갓을 착용하는 사람의 철학과 유교적 충성도 또는 선비정신에 따라 그 의미가 달리 표현되기도 했다. 이런 이유로 조선 후기 실학자 이덕무는 선비들에게 갓을 쓸 때 주의할 점을 구체적으로 경계하고 있다.

> 갓을 앞으로 푹 숙여 쓰고 챙 밑으로 남의 기색을 흘겨 살피는 것은 떳떳하고 길한 기상이 아니다. 갓을 젖혀 써서도 안 되고, 갓 끈을 움켜잡고 있어도 안 되고, 갓 끈을 흐트러지게 해서도 안 된다. 또한, 갓 끈이 귓등으로 지나가게 해서도 안 된다.❶

　갓은 가장 중요한 신체 부위인 머리에 쓰는 물건이며 더구나 머리의 존귀함을 상징하므로 가볍고 섬세한 소재로 정성껏 만들어졌다. 갓은 머리에 꽉 맞게 쓰는 쓰개가 아니라 머리에 가볍게 얹는 관모이다. 이 때문에 각자의 머리 크기에 꼭

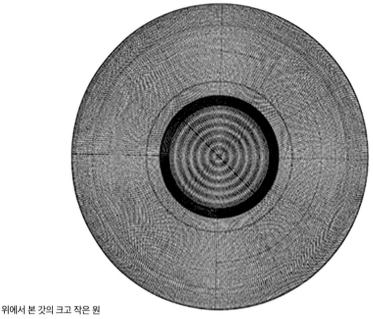

위에서 본 갓의 크고 작은 원
출처 : 국립대구박물관

맞는 갓을 찾아다닐 필요가 없을 뿐만 아니라 갓은 머리의 크기에 따라 다양한 규격으로 생산되지도 않았다. 갓을 머리에 얹은 채 얇은 천으로 된 끈을 턱에 매기 때문에 안전과 편리라는 실용성을 추구하는 서양의 모자와는 그 궤를 달리한다. 따라서 갓에는 서양의 모자와는 달리 형식에 얽매이지 않은 넉넉함과 자유로움이 있다.

독특한 모양새의 갓이 그 형태의 구성에서 우주의 원리적인 표상과 성리학의 이론을 시각적으로 표현하는 것을 아래의 예시로 알 수 있다.

첫째, 위의 그림에서 볼 수 있듯이, 갓의 기본적인 형태는 원이며 크게 보면 큰 원과 작은 원, 두 개의 원으로 구성되어 있다. 두 개의 원은 큰 원이 작은 원을 포용하고 있는 형태를 보여준다. 또한, 각각의 원에는 헤아릴 수 없이 수많은 원이 대오리로 짜여 있어 두 개의 작고 큰 원을 형성하여 원운동을 하고 있다. 원은 장식성이 전혀 없는 단순한 형태이다. 그러나 원은 곡선의 부드러움과 완전함을 함축하며 자연의 순환과 완성을 위미한다.

우주에 있는 모든 물질은 큰 것이 작은 것을 포용하는 중첩의 형태로 존재하며 그들은 거의 원의 형태로 회전한다. 초 미시 세계에서는 물질의 초 소립자인 쿼크 Quark가 전자의 주위를 회전하고 전자는 양성자를, 양성자는 중성자를 회전하여 원자와 분자에 이른다. 초 거시 세계에서는 달이 지구를, 지구가 태양을 돌고, 태양은 지구를 포함한 8개의 행성과 거기에 딸린 크고 작은 위성들을 데리고 우리 은하에 합류하여 함께 회전한다. 우리 은하는 시속 972,000㎞로 우주를 달린 끝에 은하단에 합류하고, 이 은하단은 마침내 초은하단에 다다르게 된다.[❷]

이처럼 태양을 비롯하여 은하계에 속한 모든 별은 자기 자리만을 지키고 가만히 떠 있지 않다. 은하계의 모든 별은 거의 무한대로 거대한 질량의 은하계 중심을 푯대 삼아 마치 강강술래를 하듯 쉬지 않고 둥글게 맴돌고 있다. 이처럼 물체가 한 점을 축으로 회전하는 것을 회전운동이라 한다. 우주의 물질은 작은 것이 큰 것을 회전하고 함께 더 큰 것을 회전하는 일을 반복함으로써 팽창하는 우주의 코스모스 상태를 유지한다.

이때 우주의 크고 작은 것이 함께 공존하며 서로가 서로에게 유익이 되는 유기적 관계를 유지하는 것, 곧 이 관계가 조선의 유학자들이 인간세계에서 꿈꾸었던 성리학적 우주관이다. 이 우주관은 인류가 꿈꾸는 세계의 질서와 유토피아를 모두 아우른다. 따라서 원은 우주의 기초이자 근본 질서이며 코스모스의 원형이다. 원은 인류가 추구하는 최종적인 우주 질서의 모태이자 근원이다.

옆에서 본 갓의 ⊥ 형태
출처 : 국립대구박물관

둘째, 맞은 편에서 보는 갓의 형태는 땅을 의미하는 ─ 과 인간을 의미하는 │ 이 합쳐져 ⊥ 를 형성하고 있으며 ⊥의 위는 비어 있는 공간, 즉 우주이다. 갓의 형태는 땅과 땅 위에 사는 인류의 조화를 상징하며 땅과 인류와 우주 공간은 분리할 수 없는 불가분의 삼위일체 관계임을 보여주고 있다. 따라서 갓은 삼위의 조화와 질서를 상징하고 있으며 성리학적 우주관의 형상을 포괄하고 있음을 구체적인 형태로 보여주고 있다.

셋째, 갓은 실생활에서 갓을 쓰는 사람의 언행을 극도로 제한하는 성리학의 도구이며 상징이다. 갓은 머리에 가볍게 얹혀 있는 것이기에 갓을 쓴 사람은 머리를 상하좌우로 함부로 흔들어선 아니 된다. 갓은 사용자에게 상체를 반듯하게 펴고 정면을 응시하며 머리를 깊숙이 숙이지 않도록 요구한다. 이는 갓을 쓴 선비가 타인에게 함부로 머리를 조아리는 등 경거망동을 경계함일 터이다. 조선의 갓은, 스스로 몸가짐을 살피는 것이 갓을 쓴 자의 도리이며 유교적 예를 실천하는 근본임을 강조하고 있다.

이덕무는 선비의 생활예절 지침서인 『사소절』에서 이 점을 특별히 강조하고 있다.

선비는 행동에 있어서 우아하고 단정하며, 민첩하면서 여유가 있어야 한다. 말할 때는 몸을 흔들지도 말고 머리를 흔들지도 말고 발을 흔들지도 말라.❸

갓,
은밀한 문양을 숨기다.

갓에 문양이 숨어 있다는 사실 자체가 지금까지 숨겨진 비밀이다. 하지만 우리가 관심이 없어서 모를 뿐이지, 이 문양은 갓의 어딘가에 새겨져 갓을 사랑하는 선비의 즐거움이 되었다. 갓을 만드는 사람마다 독특한 디자인의 문양을 갓의 모정과 은각에 새겨 넣기 때문에 갓장이는 이 문양을 보고 비로소 자신이 만든 갓임을 알게 된다. 이 문양은 갓마다 달라서 갓 주인 혼자만 보고 즐길 수 있는 비밀스러운 기쁨이기도 하다.

모든 갓은 양태와 대우의 결합으로 만들어진다. 여기에 명주실이나 모시 베를 올려 먹을 칠하고 옻을 칠하여 검은 갓, 흑립이 태어난다. 따라서 외형으로만 본다면 갓은 모두 그 모양이 같다. 하지만 숨겨진 문양 하나로 갓 하나하나가 저마다 독특한 유기체가 되어 갓 주인과 함께 동거한다. 갓장이는 갓에 생명을 불어넣기

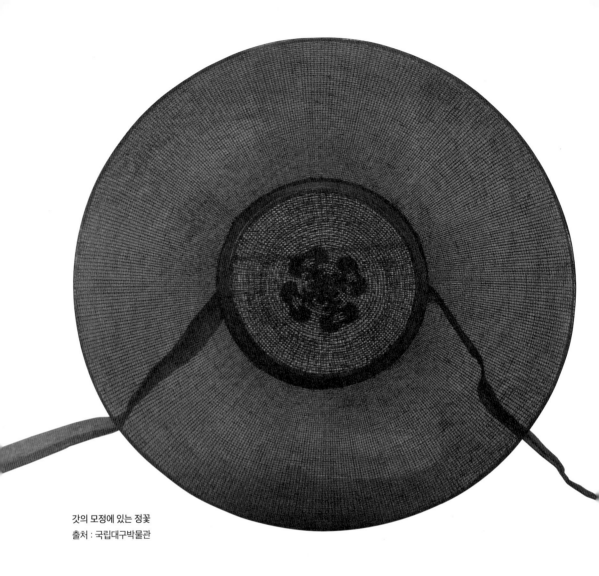

갓의 모정에 있는 정꽃
출처 : 국립대구박물관

위하여 이 문양을 갓에 숨겨 놓았던 것일까? 아니면 갓장이와 갓 주인만이 주고
받는 침묵의 다빈치 코드일지도 모르겠다.

  갓장이는 대우의 가장 높고 평평한 곳인 모정과 갓의 측면 은각¹⁾ 두 군데에 이

―――――
1) 갓의 대우와 양태가 결합되는 부위

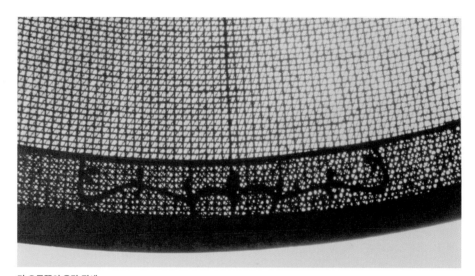

갓 오른쪽의 은각 뒤새
출처 : 국립대구박물관 서애 류성룡 종택 소장

갓 왼쪽의 은각 뒤새
출처 : 국립대구박물관 서애 류성룡 종택 소장

문양들을 새겨서 숨겨 놓았다. 물론 일부러 숨긴 것은 아니다. 모정에 있는 문양을 정꽃, 은각의 문양을 뒤새라 부른다. 말총으로 만들어진 대우는 부드럽고 탄력이 있지만, 말총의 특성상 견고함을 유지할 수 없어 쉽게 찌그러진다. 이런 단점을 보완하고자 갓장이는 대우의 천정에 ＋ 모양의 정맥이를 부착하여 천정을 평평하게 만든다. 여기에 한지를 여러 번 겹쳐 접고 오려내어 펴면 활짝 핀 꽃 문양이 나온다. 이 종이꽃을 대우 천정에 붙인 뒤 옻칠을 하면 갓을 만든 사람만이 알 수 있는 문양이 새겨지는데 이를 정꽃이라 한다.

대우와 양태를 접합시킨 부위가 우리가 지금 쓰는 모자의 땀대이며 이곳에 죽사로 만든 은각을 빙 둘러 붙인다. 뒤새는 이 은각의 측면 부위에 갓장이가 고안해낸 당초 무늬나 독특한 문양을 새겨 넣어 갓 주인이 갓의 앞뒤를 식별하거나 갓끈의 위치를 잡을 수 있도록 도와준다. 정꽃과 뒤새는 남의 눈에 띄지 않아 오직 갓 주인만이 보고 즐길 수 있는 문양이다.❹

50 그램도 안된다고?

19세기 말 조선을 찾았던 서양인들은 누구랄 것 없이 갓을 보면 적어도 세 번은 놀랐다. 먼저 갓의 크기에 놀랐다가, 그토록 큰 갓이 새털처럼 가벼운 것에 또 놀랐다. 마지막으로 갓을 만드는 조선인의 정교한 손재주에 놀라지 않을 수 없었다.

이사벨라 비숍[2] 여사는 갓을 보고 느낀 점을 자신의 저서에 재미있게 기록했다.

---

2) Isabella S. Bird Bishop 1831~1904 영국의 지리학자, 여행가, 작가
  저서 『한국과 그 이웃 나라들 Korea and Her Neighbours』

갓은 엷은 크리놀린[3] Crinoline으로 되어 있어서 상투가 뚜렷이 보인다. 갓
의 무게는 1.5온스이다. 갓은 조선 사람들의 끝없는 걱정거리이다.[5]

갓의 무게를 정확히 기록했던 서양인은 이사벨라 비숍 여사가 유일하다. 그가
말한 갓의 무게 1.5온스는 약 42g으로 500원짜리 동전 다섯 개의 무게에 불과하
다. 그러므로 착용자는 갓의 무게를 거의 느낄 수 없었기에 얇은 끈 하나로 턱 아
래에 매듭지어 묶어 둘 수 있다.

이렇게 섬세하고 연약한 관모를 조선 선비들은 어떻게 보관했을까? 의관 정제
의식이 뼛속 깊이 박혀있는 선비들은 이 소중한 관모를 애지중지하여 한시라도
소홀하게 대하지 않았다. 갓을 쓴 선비들은 실내외 어디서든지, 밥을 먹을 때도,
심지어 임금 앞에서도 갓을 벗지 않아 서양인들은 이를 무척 이상하게 여겼다. 서
양인들은 실내에 들어오면 으레 모자를 벗는 것이 예의이고 모자는 다락에다 던
져두거나 걸어 놓는 것이 습관이었다.

조선 선비들은 갓을 쓰지 않을 때는 갓집에 넣어 두거나 사랑방 상석의 벽에
걸어 놓기도 한다. 이런 이유로 서양 선교사들이 후임 선교사에게 조선인 집을 방
문할 때는 갓이 걸린 쪽은 그 집 주인 자리이니 그곳에는 절대 앉지 말라는 교육
을 하기도 했다.

퍼시벌 로웰은 이 유별난 조선 선비의 갓 사랑을 따뜻한 시선으로 기록했다.

조선인은 단지 다른 모자로 바꿔 쓸 때를 제외하고는 항상 갓을 쓰고 있다.
그들은 갓을 벗을 바에야 차라리 모든 옷을 벗을 것이다. 집안에 들어가기

---

3) 19세기 중반 영국의 빅토리아 시대에 여성의 스커트를 부풀리기 위하여 안에 대는 안감

전에 신발은 밖에 벗어 두지만, 갓은 사람과 함께 안으로 들어간다. 식사 때도 외투는 벗어도 갓은 그대로 머리 위에 머문다. 한마디로 그들에게 갓은 평생을 통해 붙어 다니는 영원한 '검은 후광'인 것이다.[6]

부와 사치의 적장자

조선왕조실록에는 특이하게도 일반적인 관모를 제외하고도 갓과 관련된 기사만 1,236건이나 기록되어 있다. 그 가운데 성종 대의 84건, 중종 대의 81건에 비해 세종대의 기록이 565건으로 압도적으로 많다. 물론 이 기록의 대부분은 신료들에게 내리는 하사품과 외국에서 온 사신들에게 주는 사여 賜與품목에 갓이 포함되었음을 말하고 있다. 이 기사들로 보아 갓은 조선 말기까지 왕의 하사품 가운데 중요한 물목이었음이 분명하다.

갓의 유학적 정체성 등 갓이 지닌 특별한 함의와 기능에도 불구하고 갓으로 생긴 현실의 폐해가 조선 조정을 혼란케 하고 빈부 간의 갈등을 조장하여 사회적 문제를 일으키기도 했다. "선비의 머리에는 한순간도 갓이 없어서는 안 된다."라고 했던 이덕무도 갓의 폐해를 가차 없이 비판했다.

갓의 폐단은 이루 말할 수 없다. 나룻배가 바람을 만나면 배가 기우뚱거리는데, 이때 조그마한 배 안에서 급히 일어나면 갓 양태의 끝이 남의 이마를 찌르고, 좁은 상에서 함께 밥을 먹을 때에는 양태 끝이 남의 눈을 다치게 하며, 여러 사람이 모인 자리에서는 난쟁이가 갓 쓴 것처럼 민망하다.[7]

이덕무가 진정 못마땅하게 여긴 것은 갓 그 자체가 아니었다. 그의 날카로운 비판은 의관을 정제하고 차림새가 검박해야 할 선비가 금도를 망각한 채 시속에 휩쓸려 쓸데없이 크고 값비싼 갓을 쓰고 우쭐대는 것을 지적하고 있었다.❽

성종실록 152권, 성종 14년(1483) 3월 28일 기사에서는 이 혼 李 渾의 상주에 임금이 백성들의 사치를 바로 잡으라는 교지를 내리고 있다. 이 혼이 아뢰기를,

> "신이 보건대, 지금 백성들이 비단으로 갓을 만들므로 사치함이 심하니, 청
> 컨대 초립 외에는 일절 금지하도록 하소서." 하니 임금이 말하기를, '만약 비
> 단으로 만들었다면 금하는 것이 좋겠다.' 하고, 즉시 감교청⁴⁾에 명하여 상정
> 하여서 아뢰게 하였다.

또한, 성종실록 226권, 성종 20년(1489) 3월 25일 "왕이 승정원에 전교하여 의관 제도를 바로 잡도록 하다."라는 기사에서 임금은 시속에서 쓰는 갓 모양이 중이 쓰는 승립 僧笠과 같으니 해당 관서에서는 이를 바로 잡으라는 교지를 내렸다. 성종은 숭유배불 崇儒排佛의 조선 사회에서 그 중심 세력이 되는 사대부와 양반들이 중이 쓰는 승립을 착용하고 저잣거리를 돌아다니는 것을 도저히 묵과할 수 없었던 것 같다. 그러나 왕의 교지에 반발하는 사대부의 저항에 부딪혀 성종의 개혁은 실패하고 말았다.

이처럼 조선의 왕들은 사대부 양반들의 사치와 허영에 갖가지 금제를 자주 내렸지만, 그때마다 사족들의 저항에 부딪혔다. 특히 조선왕조실록의 기사에는 갓의 대우가 뾰족하게 높이 솟았다가 낮아지고, 양태가 넓어졌다가 좁아지는 등 변화무쌍한 시속을 쫓는 사대부, 양반의 복식을 논하는 기록이 많이 보인다. 그러나

---

4) 조선 성종 때에 경국대전을 수정·보완하기 위하여 임시로 두었던 관청

사대부 양반층뿐만 아니라 이서 吏胥와 지방의 향리들조차 조정의 금제를 무시하고 시속을 따르는 바람에 그때마다 군주의 개혁 의지는 간데없이 꺾이고 말았다.

연산군일기 53권, 연산 10년(서기 1504년) 5월 28일 기사에서는 임금이 아예 대우가 높고 양태가 확연히 구분되는 새로운 갓 하나를 표본으로 만들게 하여 이것을 기준으로 시속을 금단하라는 교지를 내리고 있다.

> 평시서[5]에 주어 갓쟁이를 시켜 이 모양 그대로 얽어 만들게 하고, 사헌부와
> 예조에서는 옛날 모양의 것을 금단하되, 범하는 자는 죄를 다스리게 하라.

하지만 이미 몸에 익숙해져 편한 갓을 두고 비웃음만 사게 될 새 갓을 쓸 양반과 사대부는 없었다. 무엇보다도 개혁을 방해하는 것은 신하들의 태도였다. 그들은 새로운 제도를 따르는 데 미온적이어서 온갖 이유를 대며 임금의 뜻에 저항하는 상소를 올리곤 했다. 천하의 연산군도 신하들의 잇따른 상소에 손을 들고, 아래와 같은 교지를 내리며 뒤로 물러서고 말았다.

> 갓의 모양은 때에 따라 변하므로 이를 정하는 것은 백성을 다스리는 도가
> 아니다. 그러므로 이를 반드시 금할 필요가 없다.”[9]

이를 통해 예나 지금이나 의관과 복식을 법령으로 바꾸거나 금하는 일이 얼마나 힘든 일인가를 알 수 있다. 아무리 강력한 군주라 할지라도 인간의 욕망과 취

---

5) 조선 시대 도량형과 시장, 유통, 물가를 조절하는 등 시세의 조절을 맡던 관청이다. 1894년 갑오개혁 때 폐지되었다.

모정이 둥근 갓을 쓴 김시습
보물 무량사 소장

향을 자기 뜻대로 바꾸려 드는 것은 어리석은 짓이다.

변화무쌍한
유행의 첨병

　　　　　　　　15세기 성종 대의 갓은 김시습의 초상화에서 보
듯이 모정이 둥글고 챙이 약간 넓은 형태였으나 16세기 이후 갓의 모정이 평평해
졌다. 명종(1546~1567 재위) 치세에는 대우가 낮고 양태는 극히 넓은 갓이 명종 말
기까지 유행했고 선조 때에는 대우가 높고 양태가 좁아졌다.

　광해군(1608~1623 재위) 때는 이와 반대로 양태가 극히 넓어지고 대우가 아주
낮아져 넓은 양태에 마치 대접을 엎어 놓은 것 같은 모양의 갓이 유행했다.

갓 모양의 시대별 변화

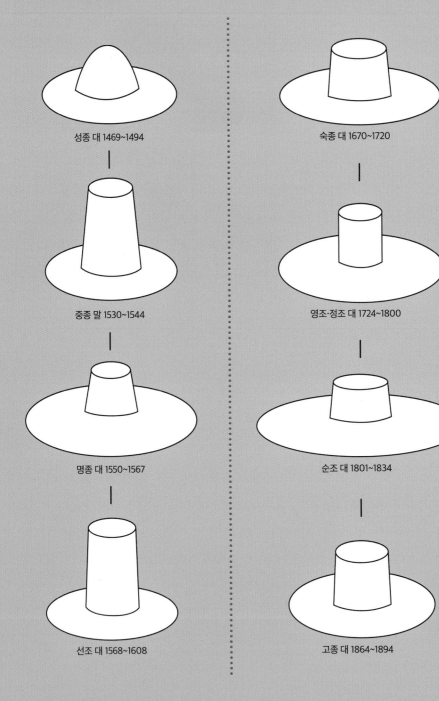

성종 대 1469~1494

중종 말 1530~1544

명종 대 1550~1567

선조 대 1568~1608

숙종 대 1670~1720

영조·정조 대 1724~1800

순조 대 1801~1834

고종 대 1864~1894

순조 치세 때의 우산처럼 넓은 갓

이처럼 넓은 양태의 갓이 인조(1623~1649 재위) 말부터는 갑자기 대우까지 높아져서 이른바 「큰 갓」이 되어 효종(1649~1659 재위) 때까지 사용되다가 양태가 더욱 넓어져 문설주에 걸려 출입이 어려운 지경에 까지 이르렀다. 일상생활이 불편한 「큰 갓」이 가격마저 치솟아 사치가 극심해지자 숙종(1674~1720 재위) 때에는 대우를 낮추고 양태를 좁혀 소박한 「작은 갓」을 권장하였다.

하지만 영, 정조 때인 1700년대 중반에는 다시 양태가 넓어지고 선비들은 경쟁하다시피 옥, 마노, 호박[6] 琥珀, 산호, 수정으로 만든 긴 끈까지 가슴에 늘어뜨려 한껏 사치를 부렸다. 갓끈은 갓을 고정하는 역할 이외에 장식 기능과 신분의 고하를 나타내는 기능도 함께 했다.

순조(1800~1834 재위) 말기에는 갓의 양태가 더욱 넓어져 우산처럼 사람을 완

---

6) 나무의 수액이 굳어서 만들어진 천연 보석의 일종

작은 갓을 쓴 고종
덕수궁 함녕전에서

전히 덮을 정도가 되었다. 쓸데없이 큰 갓으로 폐해가 심한지라 순조 34년 좌의정 심상규가 상소했다.

옛날의 입첨 笠簷은 겨우 어깨를 덮을 만하던 것이 지금은 또 넓어서 반좌 盤坐를 지나쳤으니, 족히 미관 美觀이라고 할 것이 없고 사용하기에도 적당치 않으므로 개탄스럽고 의아스럽습니다. 그 넓은 것은 모두 사치와 허비에 속하는 것이니(후략)"[10]

그런데도 양반 사대부들의 큰 갓 사랑은 그치지 않았다. 고종 때 이를 보다 못한 흥선대원군이 '큰 갓'을 금지하고 다시 '작은 갓'으로 바꿨으며, 고종 치세 말기인 1890년대에는 서민들도 흑립을 착용토록 허용하였다.[11] 조선이 개화기에 접어들자 서양 복식이 물밀 듯 밀려들어 왔다. 이때 서양의 중절모도 함께 들어와 갓과 함께 어색한 동거를 시작했다. 이때 갓의 양태가 중절모처럼 좁아지는 바람에 지름이 겨우 25㎝~27㎝밖에 되지 않는 작은 갓이 유행했다. 확인할 자료는 없지만, 고종 때의 작은 갓은 이 무렵 서양에서 들어온 중절모의 영향을 받았음이 분명하다.

이처럼 선비의 상징이자 성리학의 이상을 함축한다는 갓이 시대에 따라 대우와 양태가 커졌다가 작아지는 등 그 모양이 이리저리 바뀌었다. 다른 한편으로는 선비들이 경쟁적으로 극상품의 갓을 사고 호박과 마노, 옥으로 만든 갓끈으로 사치를 조장하는 바람에 세간의 질시는 물론 지배계층과 피지배계층 사이에 갈등을 초래하는 원인이 되기도 하였다. 이런 점에서 조선의 관모 가운데 갓이야말로 조선 사회 신분제도의 본질인 차별이라는 야만성을 그대로 드러내는 성리학적 적장자이며 서민층의 질시와 눈총을 한 몸에 받는 미운 오리 새끼였다. 그만큼 갓이 조선 사회에 끼친 영향은 컸다.

조선 중기부터 시작되었던 조선 조정과 양반 사대부층과의 갓에 얽힌 긴장은 단발령으로 최고조에 이르렀다가 상투 문화와 결별하는 사람들이 늘어나면서 저절로 해소되고 말았다. 단발령이라는 전무후무한 개혁 조치가 갓으로 생긴 사회 갈등을 단기간에 일소하여 뜻하지 않는 일거양득의 효과를 거두었다. 의제 개혁의 핵심 과제였던 단발령으로 조선의 상투 문화와 쓰개 문화 사이에는 뗄 수 없는 문화적 함수관계가 있음을 알 수 있다.

조선 선비의 미의식

이러한 흑립의 변천 과정을 통하여 완고했던 조선 선비들이 의관으로 멋을 부리며 나름대로 미의식을 높이고자 얼마나 흑립에 집착했는지를 알 수 있다. 조선왕조 518년 동안 갓은 머리에 쓰는 모자 帽子라는 단순 기능을 넘어서 남성들의 멋과 신분 그리고 권위의 상징으로 존재했기 때문이다. 조선 중기 이후 말총과 같은 갓의 재료가 다양해짐에 따라 갓도 극상품에서

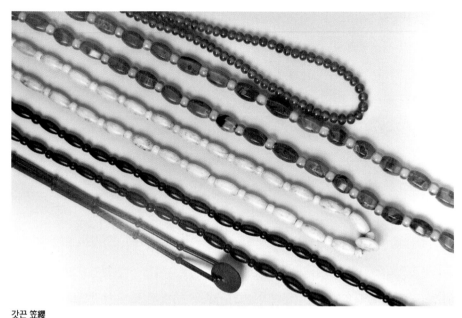

갓끈 笠纓
출처 : 국립대구박물관 소장 서애 류성룡 종택

저가품까지 골고루 생산되었다. 이에 따라 선비들이 값비싼 극상품 갓에 집착하는 경향이 두드러지기 시작했다. 갓장이들에게 경쟁적으로 거금을 주고 두어 달 기다리기는 예삿일이 되었다.

사대부와 선비들의 사치가 값비싼 갓에서 시작하여 갓끈의 재료도 대나무와 같은 소박한 재료에서 마노, 호박, 산호와 같은 보석류로 옮아갔다. 멋쟁이 선비들은 보석류로 잔뜩 치장한 갓끈을 가슴에 늘어뜨리고 보란 듯이 팔자걸음을 걸으며 한껏 멋을 부리기도 했다. 갓끈을 두고 벌이는 조선 선비들의 치졸한(?) 행태를 알게 된 청나라 조정에서, 조선의 양반과 사대부층의 지나친 사치를 조롱하며 힐난하는 공문서를 조선에 보내오기까지 했다.

연산군일기 44권, 연산 8년(서기 1502년) 6월 8일 기사에서는, 이런 행태를 보다 못한 사헌부가 특히 양반가의 호화 혼수를 금하는 물건에 갓을 포함하여, 형률로 다스리기를 왕에게 상소하고 있다. 사헌부가 임금에게 아뢴다.

> 근래에 부자와 대족들이 허영과 화려함을 서로 자랑하여 혼수와 치장에 극히 사치를 부리므로, 가난한 사람도 서로 따르려다가 힘이 감당하지 못하여, 마침내 혼인할 시기를 놓치게 되니 그 폐단이 크다. 지금부터 갓의 장식에 금은·주옥을 쓰고 갓끈에 산호·유리·명박 明珀을 사용하는 것을(중략) 모두 금단시키되, 어긴 사람은 그 가장을 형률로 논단하도록 하소서.

연산군 치세 때 갓끈을 가지고 호사를 부리는 사대부 양반들에게 금령으로 철퇴를 가했는데도 부와 권세를 즐기려는 이들의 욕망은 그대로 살아남아 거의 300년이 지난 정조 치세 때까지도 계속되었다. 정조실록 15년(1791) 4.18 자 기사이다.

> 전립[7] 氈笠의 영자[8]도 모두 정밀화[9] 正蜜花를 쓰니, 정밀화를 어디에서 그렇게 많이 구할 수 있겠는가. 또 호박 琥珀 갓끈은 당상관이 쓰는 것인데, 요즈음 사치 풍조가 나날이 심해져서 문관·음관·무관이나 당상관·참하 參下를 막론하고 호박이 아니면 쓰지를 않는다. 이 어찌 복장으로 신분의 귀천을 나타내는 뜻이겠는가. 당하관의 사용을 일체 금단하고 자마노[10]와 자수정을 대용하도록 하라.⑫

---

7) 무관과 군사들이 전시에 쓰는 군모를 말하며, 전립 戰笠이라고도 부른다.
8) 갓끈을 말함
9) 밀랍 같은 누런빛이 나고 젖송이 무늬가 있는 호박 琥珀
10) 적갈색의 무늬를 띈 단백석으로 아름다운 것은 보석이나 장식품으로 쓴다.

지금도 마찬가지이지만, 그 시절에도 남성이 멋을 부릴 수 있는 신변 장식용 소품이 여성보다 훨씬 제한되어 있었다. 이 때문에 조선의 사대부 양반들이 관모 가운데 특히 갓과 갓끈으로 자신의 미적 감각을 드러내며 타인과 구별하고자 노력했음을 여실히 알 수 있다. 하지만 이들의 지나친 미의식이 사회 지도층의 도덕적 해이를 초래했으며 빈부 갈등과 같은 사회 문제의 원인이 되기도 했다. 요즘으로 말하자면 명품 바람이 초래한 계층 간의 질시와 불평등이 아닐까?

갓 쓴 불한당

갓을 쓴 선비는 모두 양반 계급에 속하지만, 갓을 쓴 양반이라고 해서 모두 선비는 아니다. 진정한 선비란 권력에 호가호위하지 않고 시대적 소명감을 가진 조선 사회 최고의 지식인 그룹이었다. 벼슬을 하고 안 하고는 선비로서의 자격요건이 아니었다. 따라서 양반이 갓을 썼다고 해서 모두 선비가 될 수는 없었으며, 유학을 공부했다 하여 모두 선비의 조건을 갖춘 것은 아니었다.

그중에는 고상한 척, 학식이 있는 척하며 뒤로는 갖은 못된 짓을 하는 파락호들도 많았다. 이들은 극상품 진사립을 머리에 걸치고 청 도포 자락을 날리면서 불한당 짓을 도맡아 하기도 했다. 그런데도 경향 각지에서 강고한 지배체제를 구축한 양반 사대부들은 이들 갓 쓴 불한당이 저지른 악행에 눈을 감고 이들을 두둔하였다. 또한, 이들은 양반이 아닌 중인과 상민 계층의 도전을 조금도 허용하지 않고 자기들만의 카르텔을 굳게 지켰다.

이처럼 양반은 법 위의 특권을 누리면서 조선 조정의 법치를 조롱하였다. 예부터 못이나 호수는 대개 임자가 없는 법이다. 그러나 양반 소유지 근처의 호수는 물론이고 그 호수에 사는 물고기조차 으레 그 양반의 차지였다. 상민은 임자 없는 물고기도 잡아먹지 못했을 뿐만 아니라 그곳에서 흘러내리는 물로 농사를 지으면 가차 없이 양반에게 물세를 바쳐야만 했다.

토색질에 재미를 붙인 양반들은, 자연적으로 흐르는 냇물을 막아 보를 만들어 놓고 얼토당토않은 보세 洑稅라는 명목으로 추수한 곡식을 상민으로부터 뜯어 갔다. 불법 무도한 횡포였지만 그렇다고 누구 하나 나서서 불평할 수도 없었다. 양반의 횡포에 대들다 붙들려가 곤장을 맞는 일이 비일비재했기 때문이었다. 웬만한 양반 집에는 작은 고을의 관가보다도 더 많은 형틀과 곤장, 태가 갖추어져 있었으며 심지어 사옥 私獄도 있었다.

대표적인 예가 1894년 「갑오농민혁명」을 촉발했던 만석보 萬石洑 사건이다. 지금의 정읍과 부안군 일부였던 고부군의 군수 조병갑이 이미 상류에 민보 民洑가 있음에도, 백성들을 강제로 동원하여 하류에 또 다른 보를 막아 놓고 상류의 논 1두락에 2말씩, 하류의 논 1두락에 1말씩의 보세를 거두었다. 조병갑의 착취를 견디다 못한 군민들이 고부 관아를 습격하고 보를 훼파하였다. 동학혁명은 이렇게 시작되었다.

양반은 지력 地力이 떨어진 자신의 농토를 상민이 가진 좋은 농토와 강제로 교환했다. 말이 교환이지 강탈이었다. 상민들은 그나마 몽땅 뺏기지 않은 것만이라도 감지덕지해야 할 형편이었다. 양반 가운데는 이처럼 권력과 세도로 상민을 무조건 잡아 가두고 두들겨 패서 남의 토지를 강탈하는 자도 있었다. 양반의 토지 약탈, 린치, 불법 감금 등의 범죄 행위는 1920년대까지만 해도 알게 모르게 계속되었다.

어떤 갓 쓴 자는 시정의 무뢰배들과 유유상종하여 노름과 주색잡기로 가산을 탕진하고, 어떤 자는 5할이 넘는 고리채로 양민의 고혈을 착취하기도 했다. 조선 사회에서 돈이란 돈은 모두 양반의 소유였기에 가능한 일이었다. 이들의 불법 무도함에 대해 조정에서 20% 이상의 이자를 받지 못하도록 금령을 내렸지만, 이들 불한당에게는 쇠귀에 경 읽기였다.

빌린 돈을 제때 갚지 않는다는 이유로 빚진 자를 붙잡아다가 무지막지하게 폭행을 가하기도 했으며, 심지어는 빚진 자의 아내나 딸을 강제로 붙들어다가 자신의 노비로 만들어 성 노리갯감으로 삼았다. 이들은 갓을 쓴 양반이었지만, 인간의 탈을 쓴 인면수심의 불한당들이었다. 이들에게 땅을 빼앗겨 소작농이 된 양민들이 부지기수였으며 아내와 딸을 빼앗기지 않으려고 온 가족이 야반도주하는 일도 비일비재했다.

이 일은 조선 말 1860~1900년 사이에 만주와 연해주 지역에 조선 유민이 갑자기 늘어난 원인 가운데 하나이기도 하다. 이 모든 악행이 갓을 쓴 자들의 소행이었다. 양천제라는 조선의 신분제도 아래에서 자라난 독버섯, 그들이 바로 갓 쓴 불한당들이었으며, 이들이 조선 멸망의 실마리가 되었다는 것을 부정할 사람은 아마 없을 것이다.

갓,
어두운 과거의 유산

복식 가운데 관모는 사람의 머리를 점유하고 있기에 타인의 시선을 가장 먼저 끌어당긴다. 이런 면에서 조선의 모자가 조선인의 대표적인 복식이 되었던 이유를 충분히 짐작할 수 있다. 관모에 따라 그 사람의 신분의 고하는 물론 직업까지도 쉽게 분별해 낼 수 있었기 때문이다. 더구나 조선은 중국이나 일본보다 관모의 신분 상징기능이 가장 활발하게 작동하는 나라였다. 관모 가운데 갓이야말로 신분을 가장 극명하게 드러냈으며 이런 시각적 효과는 사대부 양반들이 가장 원하던 바였다.

갓은 조선왕조 내내 조선의 사대부, 양반과 유학을 공부하는 선비의 전유물이었다. 갓으로 말미암은 선비사회의 사치 풍조와 계급 갈등으로 생긴 폐해가 조선 조정을 괴롭혔지만, 양반이라는 신분을 드러내놓고 과시하는 데에는 이만한 관모가 없었다.

조선 초기, 신분 사회가 완전히 정착하기 전에는 갓을 착용하는 사람이 그리 많지 않았으므로 조선 조정이 나서서 착용을 제한하는 금제 禁制를 시행할 필요가 없었다. 따라서 갓이 신분 차별에 큰 영향을 끼치지 않았다. 그러나 조선 중기, 갓을 만드는 데 꼭 필요한 말총과 같은 고급재료가 원활하게 공급되고 제작 기술이 발전함에 따라 공급이 늘면서 사대부와 양반, 선비사회에서 상등품 갓의 수요가 급팽창했다.

조선 중기에 들어 의관과 역관 등 중인들도 갓을 착용하게 되었으나 상민들은 착용하지 않는 것이 사회 금기였다. 갓은 상민의 신분 일탈을 부추기는 요인이었으며 계급적 박탈감을 제공하는 원흉이 되기도 했다. 이런 경향은 거의 조선 말기까지 이어졌다.

갓의 폐해로 초래된 계층 간의 갈등을 잘 알고 있던 조선 조정은 1895년 단발령의 시행과 함께 상·하·귀·천을 가리지 않고 모두 갓을 착용하게 함으로써 전래의 악습을 혁파하였다. 이로써 갓을 착용하는 것으로 신분을 차별하던 시대는 종언을 고했으며 갓은 어두운 과거가 남긴 유산으로 전락했다. 갓 착용을 자유화 한 조선 조정의 과감한 혁파는 갑오개혁의 공·사 노비제도 폐지와 더불어 조선왕조

518년에 가장 통쾌한 적폐 청산이었다.

신분제도가 폐지되어 누구든지 갓을 쓸 수 있는 20세기 초에도 상민이 갓을 썼다가 행세깨나 하는 양반들에게 봉변을 당하는 일이 다반사로 일어났다. 그만큼 갓은 양반과 상민의 신분을 구별하는 상징성이 강했기에 조선 시대를 관통하며 관모 중의 관모로 존재할 수 있었다.

집을 소유한 갓

갓 이야기를 끝내면서 어쩐지 갓을 의인화하고 싶다. 지난 2년여 동안 갓 뒤를 따라다녔기 때문이기도 하지만, 또 다른 이유는 조선 선비들의 몸과 머리를 장식하는 패션 소품 가운데 갓만이 유일하게 집을 가지고 있기 때문이다. 탕건이나 망건 역시 갓처럼 머리에 쓰는 두식 頭飾이지만, 집이 아닌 탕건 함이나 망건 통에 보관된다.

갈모가 보관되는 곳은 아예 도포나 두루마기 소매 속으로 썩 상쾌한 장소는 아니다. 하지만 갓만이 유일하게 갓 통도, 갓 함도 아닌 갓집이라 부르는 곳에 머무른다. 조선을 방문했을 때 선비들이 갓을 보관하는 모습을 유심히 관찰했던 이사벨라 버드 비숍 여사는 이에 대해 자신의 느낌을 이렇게 말한다.

갓은 또한, 쉽게 부서지기 때문에 쓰지 않을 때는 나무 상자(갓집)에 넣어 보관해야 한다. 그 나무 상자는 훌륭하게 장식되어 있고 여인들의 판지 상자처럼 다루기가 까다롭다. 갓을 잘 보관한다는 것은 존경의 표시이다. 조정 대신들은 왕을 알현할 때도 갓을 쓰며, 막역한 친구를 만날 때만 갓을 벗는다.[13]

갓집은 보통 대오리로 뼈대를 만들고 종이를 발라 기름을 먹인다. 아랫부분은 원통형이고 윗부분은 원추형으로 되어있다. 밑면을 2등분하여 한쪽을 여닫게 되어있고 위쪽 정수리에 끈을 달

갓집
출처 : 국립민속박물관

아 벽에 걸거나 천장에 달아맬 수 있게 했다. 골격이 없이 두꺼운 종이를 여러 겹으로 발라 표면에 만자문 卍字紋 등을 그리기도 하였다. 모양은 원에서 12각형까지로 다양하며 장롱 위에 얹어 놓아 방안 치레의 구실을 하기도 했다.[14]

신윤복은 조선 후기의 화가로 양반의 위선적인 행태를 풍자한 그림을 많이 남겼다. 아래 그림은 두 사람의 양반이 기생집 앞에서 웃통을 벗어젖히고 자웅을 겨루고 있음을 보여준다. 문 앞에 서 있는 기녀를 두고 벌이는 싸움임이 틀림없다. 이 그림에서 일행으로 보이는 자는 싸움은 말리지 않고 친구의 갓을 들고 구석진

유곽쟁웅 遊廓爭雄
신윤복 그림

곳에 앉아 있는데, 갓은 이미 대우와 양태가 서로 떨어져 나간 상태이다. 가운데에
는 홍철릭에 황초립을 쓴 무예청 별감이 서있다. 그 역시 싸우는 자의 갓을 들고
있다. 이들에게는 싸우는 사람이야 어찌 되든지 갓이 더 소중했던 모양이다.

　이처럼 조선의 사대부 양반들에게는 신변 장식품 가운데 갓보다 더 소중한 것
은 없었다. 임금 앞은 물론 설령 죽은 선친이 살아 돌아와도 갓은 주인의 머리를
떠나는 법이 없다. 갓은 주인이 살아 있을 때는 가장 높은 상석을 독차지하다가
주인이 죽으면 주인의 관 위에 자리를 잡고 올라앉는다. 마침내 더는 자신을 아껴

줄 사람이 없으니 갓은 주인을 따라 저승길로 떠난다. 이 사실은 윌리엄 E. 그리피스의 기록에서 알 수 있다.

주인이 죽으면 갓은 관가 棺架 위에 정중하게 놓아두며 장례 때에는 중요한 부장품이 된다.[15]

갓은 왜
서둘러 떠났을까?

갓 이야기를 마무리하는 이쯤에서 이 질문을 하는 게 좋을 것 같다. 갓은 왜 갑자기 사라졌을까? 500년을 넘게 함께 고락을 나눴던 이 땅의 사람들을 남기고 왜 그렇게 서둘러 떠났을까? 단발령이라는 삭풍을 견디고도 살아남았던 갓이 일제강점기였던 1930년대에 들어서자 급격히 사라져 버렸다. 여기에는 몇 가지 원인이 갓의 소멸을 재촉했던 것으로 보인다.

첫째, 갓은 쉽게 부식되는 소재인 대오리나 말총과 같은 내구성이 없는 유기물질로 제작되기에 장기간 보관이 불가능하다. 또한, 갓은 한번 망가지면 쉽게 고칠 수가 없는 물건이다. 갓을 수리하거나 보수하는 것은 갓장이가 해야 하지만, 갓장이가 없으면 부서진 갓은 폐기해야 한다. 그만큼 보수와 관리가 쉽지 않은 정교한 수공예품이다.
둘째, 우리의 장례풍습으로는 갓 주인이 떠나면 갓도 주인의 의복과 함께 불태워지거나, 주인 곁에 묻히기도 하여 고분 발굴 시에 가끔 부장품으로 발견되기도 한다. 갓뿐만 아니라 망건이나 탕건도 같은 운명이기 때문에 후대에 전해지기가 쉽지 않다.

셋째, 갓의 수요가 급격히 줄어들자 갓 일을 하는 갓장이들이 생계를 위해 다른 직업으로 전업하면서 그나마 명맥을 유지하던 갓 생산이 끊어지고 말았다.

넷째, 위에 말한 것도 갓 소멸의 주요한 원인이지만, 일본의 대륙 침탈이 본격화되었던 1930년대라는 시대 배경이 갓의 소멸을 재촉한 것으로 보인다. 그러므로 1930년대를 주목할 필요가 있다.

일제강점기 중 1930년대는 일본의 광적인 군국주의와 대륙침략이 극에 달했던 때이다. 이 무렵 한국을 지배했던 일본인 총독은 6대 우가키 가쯔시게 宇垣一成와 7대 미나미 지로 南次郎 두 총독이다. 이들 두 사람이 1931년부터 1942년 초까지 10여 년이 넘도록 한국인의 생살여탈권을 쥐고 흔들었다. 모두 9명의 총독 가운데 1대 총독 데라우치 마사다케와 2대 하세가와 요시미치 그리고 우가키, 미나미 등 4명의 총독이 가장 파쇼적인 식민정책을 강행했던 자들이다.[16]

이 가운데 육군 장성 출신인 우가키와 미나미가 조선 총독으로 재임 시에 일본은 만주사변(1931)과 중일전쟁(1937)을 일으켜 본격적으로 군국주의 침략 국가의 마각을 드러냈다. 만주사변이 발발하자 일본의 차기 총리대신 자리를 노리던 야심가인 우가키가 이때를 놓치지 않고 노골적인 대조선 식민정책들을 쏟아냈다. 그 가운데 「내선융화 정책」과 「국민정신 작흥운동」은 말 그대로 한국인의 정신을 개조시켜 일본인과의 융합·일치를 완성하고자 하는 것이었다.

정신 교화 작업을 통해 조선인의 의식구조를 바꿔 한국인을 일본인으로 동화시키려는 정책이었다. 이 두 가지 정책의 본래 목적은 한국인에게 일본국민이라는 의식을 심어 일제의 지배 이념을 한국인의 머릿속에 새겨 넣기 위함이었다. 이

외에도 「산금장려정책」이라는 금 수탈정책으로 한국의 북쪽 지역에서 생산된 금을 일본으로 실어 내 대공황 이후 만성적인 무역적자로 금 부족에 시달리던 일본 재정을 해결하기도 했다.

우가키는 한반도를 대륙침략의 교두보로 삼고자 조선인 전체를 식민정치에 협력하는 충량한 일본인으로 황민화하여 조선을 전쟁 총력동원체제로 만들어야 했다. 이때 한국의 모든 학생을 천황숭배 놀이에 동원했던 악명 높은 신사참배 의무화가 시행되었다. 그뿐만 아니라 「농촌진흥운동」이라는 미명으로 한국의 농민들을 황민화하는 데 총력을 기울였다.

우가키에 이어 7대 총독이 된 미나미 지로는 우카키의 황민화 정책을 더욱 폭력적으로 강화하여 대동아공영 大東亞共榮과 팔굉일우[11] 八紘一宇라는 황당한 구호를 만들어 한국인들을 현혹했다. 우가키와 미나미 2명의 총독은 일본의 대륙침략을 지원하고자 한국을 전쟁 총력동원체제로 몰아갔다. 이는 일본이 패망으로 돌입하는 자충수였으며 최후의 발악이었다.

안타깝고 유감스러운 일이지만, 이 무렵 한일병탄 이래 이광수, 윤치호, 최남선을 비롯한 한국의 명망 있는 지식인들이 이 폭력의 시대를 극복하지 못하고 친일 변절자의 대열에 합류했다. 한반도는 일본의 대륙침략을 위한 군수물자 생산기지로 변했다. 일본 군국주의자들은 전쟁 물자가 부족해지자 냄비와 솥단지 등 갖가지 쇠붙이를 민가에서 공출하고 장정들을 징용으로 끌어가거나 어린 소녀들을 일본군 위안부와 근로정신대로 끌어가 온 나라를 만신창이로 만들었다.

---

11) 일본의 황국사관으로 "세계만방이 모두 천황의 지배 아래 있다."라는 이념이다.

이때 갓이 소멸의 길로 접어들었다. 갓 또한 일본의 폭력과 전쟁으로 얼룩진 광란의 시대를 이겨내지 못했다. 갓은 결코 스스로 이 땅을 떠나지 않았다. 일본의 군국주의가 이 땅의 주인들을 전장으로 몰아낼 때 갓 또한, 축출당했다. 갓의 주인들이 쫓겨난 땅에 갓은 더 존재할 이유가 없었다. 이것이 이 땅에서 갓이 소멸한 가장 큰 원인이다.

역사는 필연적인 사건보다는 우발적인 사건들로 점철되어 있다. 이상하게도 동아시아의 근대역사는 우연한 일들이 겹쳐 늘 일본 편에 있었고 행운 또한 일본을 따라 다녔으므로 성공은 당연히 일본의 차지였다. 청일전쟁과 러일전쟁의 승전은 일본의 행운에서 비롯된 바가 컸다. 일본의 행운이 커질수록 한국의 불행 또한 커져만 갔다. 하지만 한국과 동아시아를 쑥대밭으로 만들었던 일본의 행운과 성공도 여기까지였다. 일본은 곧 패망의 길로 접어들었다.

"행운은 바보의 편이고, 성공은 후회의 아버지"라는 격언의 뜻을 일본이 태평양전쟁 패전 후 뒤늦게나마 깨우치기를 바랐다.

❶ 양반 가문의 쓴소리 이덕무의 사소절, 조성기, 김영사, 2006, p.195 인용

❷ https://nownews.seoul.co.kr/news/newsView.php?id=20150215601015 참조

❸ 사소절, 이덕무, 이동희 편역, 전통문화연구회, 2013, p.49 인용

❹ 선비의 멋, 갓, 국립대구박물관, 2020, p.254 참조

❺ 조선과 그 이웃 나라들, 이사벨라 버드 비숍, 신복룡 역, 집문당, 2000, p.349 인용

❻ 내 기억 속의 조선, 조선사람들, 퍼시벌 로웰, 조경철 역, 예담, 2001, p.270 인용

❼ 사물로 본 조선, 규장각 한국학연구원, 글항아리, 2015, p.159에서 재인용

❽ 위의 책 p.159~160 참조

❾ 조선왕조실록 연산군일기, 권 21, 3년 정월 기사 인용

❿ 조선왕조 순조실록, 권 34, 34년 4월 29일 기사 인용

⓫ 조선 시대 관모 사전, 양진숙, 화산문화, 2005, 52~53쪽 인용

⓬ 조선왕조 정조실록, 15년(1791) 4.18 기사

⓭ 앞의 책, 이사벨라 버드 비숍, p.349 인용

⓮ 한국복식문화사전, 김영숙 편저, 미술문화, 1998, p.32 참조

⓯ 은자의 나라 한국, 그리피스, 신복룡 역, 집문당, 1999, p.354 인용

⓰ 조선 총독 10인, 친일문제연구회, 가람기획, 1996 참조

제8장

조선의 모자,
조선을 떠나다.

도포
출처 국립민속박물관

옷을 바꿔 입으라!
도포를 두루마기로!

갓은 그 독특한 형태와 쓰임새가 유교 사회의 신분과 계급을 드러내는 사회적 목적을 내재하고 있기에 갓 혼자만으로는 존재할 수 없다. 갓을 착용한 선비들의 절개와 고고한 이상을 드러내도록 협력할 수 있는 조력자가 필요하다. 선비가 입는 도포 또는 두루마기가 바로 갓의 조력자 역할을 맡고 있다. 갓과 함께 도포를 갖추어 입어야 비로소 선비의 위엄과 몸가짐을 표현할 수 있었다. 따라서 갓과 도포 또는 두루마기는 불가분의 관계이며 이들은 서로 보완하여 완벽하게 조화를 이루는 최선의 보완재임이 분명했다.

한민족은 서양인들이 트렌치코트[1]를 만들어 입기 수 세기 전부터 정갈하고 기품 있는 코트를 즐겨 입었는데 도포가 바로 그것이다. 예를 중시했던 조선 시대에는 도포는 외출할 때나 손님을 맞을 때도 예장의 기능을 했다. 본래 도포는 서민들이 착용할 수 없었으나 나중에는 서민들도 소매가 길고 넓은 도포(광수의 廣袖衣)를 착용하게 되었다. 그러자 실학자 정약용은 도포가 생활에 불편함을 주고 물자를 낭비하여 그 폐해가 크다고 주장했다. 하지만 도포에 집착하는 양반들에게는 쇠귀에 경 읽기나 마찬가지였다.

두루마기
국립민속박물관

사대부 양반들의 심한 반발에도 불구하고 조선 정부는 1884년 「갑신의제개혁」을 시행하여 도포를 금지하고 대신 소매가 짧고 간편한 두루마기(협수의 挾袖衣) 착용을 권장하였다. 원래 두루마기는 사대부와 양반이 실내복으로 입거나 도포 또는 중치막[2]과 같은 외출복 속에 입는 옷이었으며, 도포 또는 중치막을 입을 수 없었던 상민은 겉옷으로 입는 옷이었다.

내무대신 박영효는 이미 일본에서 간편한 서양 복식을 경험했던 터라 「갑신의

---

1) 제1차 세계대전의 참호전에서 영국, 프랑스, 독일 장병들이 입고 전투를 벌인 데서 트렌치코트라는 이름이 생겼다. 흔히 버버리 코트라고 부르기도 한다.
2) 조선 시대에 사대부, 양반 계급층이 입던 옷으로 두루마기보다 약간 짧고 소매는 넓다.

제개혁」을 전폭 지지하며 곧 시행에 들어갔다. 이 개혁은 비록 미흡하지만, 신분에 따른 복식제도의 철폐와 복식의 평등화를 지향하고 있었다. 그러나 소매가 넓은 도포에서 좁은 두루마기로 통일하는 의제 개혁은 사대부 양반 계급의 완강한 저항에 부딪히고 말았다.

고종의 의제 개혁은 복식의 간소화가 그 목적이었지만, 조정의 고위직 신료들은 명나라의 제도를 따랐던 선왕의 제도를 바꾸는 것은 따를 수 없다고 일제히 들고 일어났다. 반발을 무마하고자 고종은 "의제의 변동은 진실로 번거로운 것을 버리고 간단하게 하려는 것"이라며 신료들을 설득했다.

조선왕조실록 고종 21년의 기사를 보자. 시임 대신과 원임 대신인 영중추 부사 홍순목, 영의정 김병국, 우의정 김병덕이 연명하여 의복제도 개혁을 반대하는 상소를 올렸다.

> 우리 왕조의 공복과 사복은 모두 명나라의 제도를 따른 것으로서 왕제 王制
> 로 된 만큼 오늘날 변통시켜 고칠 수 있는 것이 아닙니다. (중략) 이번에는
> 진신 縉紳과 사민 士民의 복제까지 아울러 하루아침에 고쳤으니, 이것이 어
> 찌 후세에 법이 될 수 있겠습니까? 성명께서는 깊이 생각하고 멀리 내다보
> 아 빨리 이전에 내린 교지를 거두시어 옛 제도를 보존하소서.[1]

고종 치세의 대신들 머릿속에는, 이미 250여 년 전인 1644년에 망해 없어진 명나라의 제도를 따르겠다는 사대 事大로 가득 차 있었으니, 어찌 보면 조선의 멸망은 이미 예정된 거나 마찬가지였다. 마침내 고종은 신하들을 이겨내지 못하고 불과 4개월 만에 기존의 풍속으로 되돌아가는 의제복구를 지시하여 의제 개혁은 실패하고 말았다. 이후 10여 년 동안 양반들은 예전의 도포를 애용했다.

그러나 조선 정부는 10년이 지난 1894년 갑오년 의제 개혁을 다시 시행하며 이를 따르도록 꾸준히 권고하였다. 정부의 노력으로 두루마기 착용이 점점 증가하였고 이런 변화가 조선 남성의 복식을 바꾸는 중요한 계기가 되었다.

다음 해인 1895년 3월에는 「을미 의제개혁」을 시행하여 관복을 검은색인 서양식 복제로 채택하면서 관민이 모두 검은색 옷을 입도록 하였다. 광화문 사거리에 최초로 '윤태헌 양복점'이 문을 열게 된 때가 이 무렵이었다. 이렇게 옷과 모자에 이르기까지 나라에서 금령을 내려 강력하게 규제했던 것은 유교 계급 사회를 유지하려는 조선 정부의 고육지책이었다. 그러나 최익현을 비롯한 유생들이 중앙의 개화파들에게 저항하여 조직적으로 변복령 반대 운동을 벌였으나 박영효가 일본으로 망명하는 바람에 이 소동은 이내 잦아들었다.

악연,
단발령과 조선의 모자

일본 공사 미우라 고로의 사주를 받은 한 무리의 사무라이들이 조선의 왕비를 살해하는 폭거를 저질렀다. 이른바 을미사변이다. 이 일이 있은 지 한 달이 겨우 지난 1895년 11월 15일, 어수선한 정국 속에서 집권한 김홍집 내각이 일본의 압박에 굴복하여 을미개혁 乙未改革을 고시했다.

을미개혁 과제에 포함되었던 의제 개혁의 핵심은 복식도 복식이지만 바로 단발령에 있었다. 단발령의 배후에는 일본의 치밀한 계략이 숨어 있었다. 단발령으로 조선 내에 소요를 격발시켜 이를 핑계로 조선에 파병하고자 하는 것이 일본의 계략이었다.

내부대신 서리 유길준의 이름으로 공포된 단발령의 주요 이유는 "위생에 이로

울 뿐만 아니라 활동하기에도 편하다."라는 것이었다. 고종은 세자와 함께 단발령 공포 당일에 머리를 잘랐다. 일본군이 무력으로 위협하는 가운데 농상공부 대신 정병하가 고종의 머리카락을 자르고 세자의 머리는 유길준이 잘랐다. 다음날부터 관료들과 순검, 군인들의 단발이 강행되었고 다음 해인 1896년 1월 1일부터는 일반 시민들도 이를 피할 수 없었다.

강압적으로 단발령을 시행함에 따라 조선 팔도가 가마솥처럼 끓어오르기 시작했다. 서울의 숭

상투 자르기
출처 : 풍속도첩 숭실대학교 한국기독교박물관 소장

례문을 비롯한 모든 성문에서는 가위를 든 관리와 순검들이 도성을 출입하는 사람들의 상투를 불문곡직하고 강제로 잘라냈다. 반항하는 사람들을 폭행하고 투옥하는 일들이 비일비재하게 발생했다.

"부모에게서 받은 몸은 머리카락 하나라도 함부로 해서는 안 된다."라는 유교 사상이 골수에 박힌 조선인들에게 단발령은 마른하늘에 날벼락과 같은 일이었다. 더구나 사대부, 양반 계층에게 상투를 자르라는 칙령은 갓을 포기하라는 것과 같은 의미였다. 갓을 버린다는 것은, 양반이라는 자신의 신분과 문명인이라는 자긍

심을 모두 버리는 것이었으며 나아가 자아의 일부를 포기하는 것과 같았다. 이는 결국 개인의 정체성과 문화적, 사회적 연대성마저 무너뜨리는 중차대한 문제였다.

이사벨라 B. 비숍은 단발령을 관찰한 기록에서 상투를 이렇게 정의했다.

> 조선 사람들에게 상투의 의미란, 곧 국가이며 누구는 500년이라고도 하고 누구는 2,000년이라고 하는 그들의 역사이며, 성스러운 전통이며, 사회적으로나 법적으로 성인이 됨을 의미한다.❷

상투를 지키려는 상인들이 서울 가기를 꺼려 종로 시전에 물화가 들어오지 않자 물가가 치솟기 시작했다. 이럴 때 어떤 약삭빠른 장사치는 자청하여 머리를 자른 뒤 도성을 드나들며 장사를 하여 몇 배의 이윤을 남기기도 했다. 어떤 이들은 상투가 잘리기 전의 모습을 사진에 남기고자 사진관으로 몰려들었다. 이 바람에 사진관들이 때아닌 호황을 누리기도 했다.

단발을 즉시 시행하라는 정부의 명을 받은 관리 중에서도 이를 따르지 않은 자가 많았다. 서울에 체류하던 지방민들은 서둘러 귀향했다. 서울 나들이를 왔다가 엉겁결에 상투를 잘린 사람들은 상투를 움켜쥐고 통곡하면서 서울을 떠나기도 했다.

돼지를 몰고 장터에 나왔다가 상투가 잘려 땅을 치며 통곡하는 이도 있었고 어떤 이는 상투를 잘릴까 두려워 문을 걸어 잠그고 오는 손님마저 거절했다. 서울뿐만 아니라 지방에도 체두관³⁾ 剃頭官이 파견되어 민가에까지 들어가 상투를 자르

---

3) 단발령이 시행될 때 급조된 관직으로 전국에 파견되어 행인은 물론 민가에 들어가 향민들의 상투를 잘랐던 관리

는 바람에 향민들이 집을 비우고 산속으로 도망쳐 마을이 텅 비기도 했다. 심지어는 상투를 자르려던 관리가 향민에게 살해되는 일까지 있었다.

유림이었던 안병찬은 "차라리 단두귀[4] 는 될지언정 상투 잘린 귀신은 되지 않겠다."라며 목숨을 끊고 말았다. 연이어 상투에 목숨을 거는 사람들이 수없이 생겨났다. 아들이 상투를 자르니 아버지가 자살하고, 남편이 상투를 자르겠다는데 아내가 반대하여 자살하는 사건마저 생겨났다.

당시 유길준으로부터 단발을 회유당했던 최익현은 "내 머리는 자를 수 있을지언정 머리털은 자를 수 없다."라며 죽기를 작정하고 단발을 거부했다. 이처럼 단발령에 결사적으로 저항하는 이들이 늘어나면서 점점 무리를 지었다. 조선 말기민 씨 외척들의 전횡과 관리들의 가렴주구, 조선 조정의 악정도 묵묵히 참아내던사람들이 단발령에 맞서서는 일시에 단결하여 의병을 일으켰다.

이들은 "민 왕후의 원수를 갚고 부모에게 물려받은 육체를 보전하며 나라를지키자!"라는 격문을 내걸었다. 그동안 일본의 폭거에도 숨죽이고 관망하던 위정척사파 등 유림도 이에 동조하여 정면으로 단발령에 맞섰다.

일본군에게 참혹하게 진압되었던 동학혁명과 민 왕후 시해 사건에 이어, 강압적으로 시행된 단발령은 반일 감정을 더욱 격화시켜 전국 각지에서 항일의병이잇따라 봉기했다. 송우혜의 기록을 보자.

단발령은 즉각 조선 사회를 바닥까지 뒤흔들어 놓았다. 을미사변[5]의 충격이
생생하던 마당에 단발령은 타는 불에 기름을 들이부었다. 곳곳에서 반발이
잇따랐고 고종이 거처하던 궁 앞에는 상소문을 들고 온 유생들로 하얀 바다

---

4) 머리 잘린 귀신
5) 일본의 폭거인 명성황후 시해 사건을 말함

를 이뤘다.❸

일본은 의병봉기를 핑계로 청일전쟁에서 승리했던 일본군을 한반도에 투입하여 의병 학살에 나섰다. 이때 일본군은 악명 높은 삼광작전[6] 三光作戰을 벌여 수많은 의병을 학살하였다. 일본의 계략이 빈틈없이 들어맞았다.

단발령을 강행했던 김홍집 내각은 1896년 2월 아관파천[7]으로 무너졌으며 동시에 단발령이 철회되면서 두발은 개인의 자유로운 의사에 맡겨졌다. 흥미로운 사실은 막상 단발령이 철회되었으나 상투를 잘렸던 사람들이 과거의 상투 머리로 되돌아가지 않았다는 점이다. 시행 초기부터 워낙 강력하게 집행되었던 단발령이었기에 짧은 기간이었음에도 많은 사람이 상투를 잘렸다. 그러나 상투가 잘린 사람들은 막상 상투가 없어지고 보니, 허전하긴 했으나 그 편리함은 물론 청량감이 이루 말할 수가 없었다. 이를 알게 된 사람들이 하나둘 스스로 상투를 자르게 됨에 따라 단발령의 효과는 기대 이상으로 커졌다. 시간이 지날수록 각 부 대신들을 포함한 정부의 관리들과 외교관, 도시민들을 중심으로 단발이 확산하였으며 근대 교육과 개화 바람으로 단발은 점차 보편화 되었다.

단발의 확산에는 개화파 언론의 계몽 활동도 영향을 미쳤다. 아래는 『독립신문』의 기사이다.

> 일전 신문에 우리가 말하기를, 머리 깎고 양복 입는 것은 집 고친 후에 새로
> 도배와 장판 하는 것 같다고 비유하였거니와 기둥을 고쳐 집이 튼튼히 된
> 후에 이런 일을 해야 일도 잘되고 하는 본의도 나타날지라. 그러나 도배와

---

6) 일본군이 벌인 살육 전략으로 "모두 죽이고 殺光, 모두 태우고 燒光, 모두 뺏어버린다 搶光"라는 세 가지를 말한다.
7) 이범진 등 친러파가 주동이 되어 고종을 러시아 공사관으로 파천한 사건

장판은 언제 하든지 해야 할 것인즉 (후략)❹

『독립신문』은 상투와 갓을 포기하고 단발을 하는 것이 근대화를 위한 돌이킬 수 없는 시대의 명제임을 분명하게 밝혔다. 이어서 "못된 옛 풍속을 버리고 문명 진보에 힘써야 한다."라고 강조함으로써, 조선 문명에서 서구 문명으로 나아가는 것이 곧, 진보의 과정임을 확실하게 선언했다. 상투와 갓을 포기하는 것이야말로 문명진보의 필수조건으로 인식했음을 알 수 있다.

단발령으로 한반도가 북새통이었는데도 불구하고, 한편에서는 초지일관 이에 저항하여 90% 이상 상투를 지킨 곳이 있었으니, 전라도 남원과 경상도 안동 지방이다. 개화파 지식인들은 상투와 갓을 타파해야 할 구습으로 매도했지만, 고고한 유림과 노년층 남성들은 이를 쉽게 포기할 리가 없었다. 정부와 언론의 계속되는 계도에도 불구하고 오래된 관습을 지키려는 한국 남자들의 끈질긴 고집은 여전했다. 1920년 이후에 촬영된 사진과 다큐멘터리 무성영화에서도 한국의 중년과 노인들이 여전히 상투에 갓을 쓰고 있는 모습을 볼 수 있었다.

낯선 동거, 갓과 중절모, 따개비 모자와 두루마기

단발이 확산함에 따라 양복과 서양의 모자가 점차 늘어나기 시작했다. 대한제국 정부는 1900년 연미복과 실크 햇[8] silk hat을 문

---

8) 19세기 중반부터 20세기 초까지 유행했던 서양 남자들의 모자로 모부가 매우 높고 챙이 좁음. 탑 햇 Top hat이라고도 부름

중절모
국립민속박물관

관의 의관으
로 선정했고, 이
후 생겨난 양복점
과 모자점들은 신문에
광고를 내기 시작했다. 근대 교
육을 받은 청년들은 상투와 갓을 구습으
로 인식했으며 이런 부정적인 인식은 일제
의 강제병합 이후 더욱 확산하였다.

이런 인식의 결과 1920년대 무렵은 한복, 양복, 일본식 복식이 섞이고 모자를
비롯한 두식 頭飾도 뒤죽박죽이 된 복식의 혼란기였다. 하얀 두루마기에 도리우
치 鳥打帽라 부르는 따개비 모자를 쓰고 다니는가 하면 두루마기에 중절모를 착
용한 사람도 많았다. 물론 이때까지도 고집스럽게 상투에 갓을 쓰고 흰 두루마기
를 입은 선비와 문중의 어른들이 향교와 고택을 지키고 있었다. 조선의 상류 계층
에 속한 선비들은 단발령과 근대 교육, 조선 조정의 계속되는 계몽에도 불구하고
갓을 더욱 애지중지하며 버리지 않았다.

단발령은 겨우 2개월이라는 짧은 기간 동안 시행되었지만, 그 영향은 조선 사회에 엄청난 파문을 불러왔다. 상투를 잘라내므로 특히 남자들의 관모와 복식에 혁신적인 변화가 이루어졌다. 초기엔 행인들의 흰옷에 검정 잉크를 뿌리는 등 강제적인 방법도 동원되었지만, 어찌 되었든 그동안 흰색 일변도였던 저고리와 바지를 염색하여 입기 시작했으며 갓과 탕건, 망건, 두루마기를 버리고 중절모와 양복을 착용하는 사람이 점점 늘기 시작했다.

이런 경향으로 조선의 모자는 단발령이 초래했던 복식의 변화를 이겨내지 못한 채 서서히 이 땅에서 밀려나기 시작했다. 조선 땅에서 조선의 모자를 밀어낸 주범은 아이러니하게도 문명의 선발대 역할을 했던 단발령이었다.

조선의 모자가 급격히 사라지게 된 원인을 살펴보면, 한국인의 새로운 것에 대한 왕성한 호기심이 어느 정도 영향을 끼친 것이 분명하다. 한국인들은 예나 지금이나 불편한 것은 쉬이 버리고 남보다 먼저 편리함을 취하는 데 익숙한 얼리 어답터 early adopter들이다. 그것도 매우 짧은 기간에 말이다. 그 대표적인 예로 1800년대 후반에 성냥과 석유가 보급되기 시작하자, 수 세기 동안 사용해왔던 부싯돌과 호롱불이 단 1년 만에 사라지고 말았다.

물론 장단점이야 있겠지만, 이런 변화를 서구의 문명관으로 본다면 매우 합리적인 선택임이 틀림없다. 합리적인 선택에 꼭 필요한 것은, 호기심과 도전 의식이며 당연하게도 창의력은 이 두 가지 전제 조건이 갖춰져야만 발현되기 마련이다. 그렇다면 한국인은 이런 조건들을 모두 갖춘 것은 아닐까?

문화의 충돌,
신문화의 도래

한반도를 병탄한 일본인은 얄궂게 생긴 학도모자 學徒帽子를 들고 들어왔으며 검은색 일변도의 이 모자는 어느 틈엔가 중, 고등보통학교와 전문학교, 대학교 심지어 심상소학교 학생들의 머리마저 점령하고 말았다. 때로는 학교와는 전혀 상관이 없는 청장년들도 학도모자를 쓰고 다녔다. 단아한 선비의 갓과 조선의 모자가 사라진 자리에는 일본의 획일적이고도 천박한 신문화가 똬리를 틀었다. 더구나 볼품없는 일본의 학도모자는 대동아 공영을 부르짖던 군국주의가 그 모태였다.

밝고 경쾌한 조선의 모자가 음습한 일본의 모자에 압도당해 버린 문화의 역설적 섭입 현상은 일본의 한반도 강제 병탄에서 비롯되었다. 일본의 침탈 행위는 조선인의 증오를 피할 수 없다. 그러나 일본이 한국을 폭압적으로 점령했다고 해서 그들의 모자까지 미워할 필요는 없다. 아돌프 히틀러가 개를 사랑한다고 해서 개를 미워할 이유는 없잖은가?

일본인은 모자뿐만 아니라 섬나라에서 생겨난 비루 鄙陋한 성문화(?), 이를테면 유곽이라든가 공창제와 남녀혼탕 같은, 성리학의 나라 조선에서 도저히 받아들일 수 없는 것들을 가지고 한반도로 건너왔다.

1929년 뉴욕에서 발간된 미국 선교사 스텔라 벤손의 저서 『천태만상』에는 이런 기록이 있다.

> 모자문화는 한국인의 품성을 매우 온유하게 만든 반면에 이러한 온순함 때문에 이웃 국가들의 침략 대상이 되곤 했다. 그러나 이렇게 전통적으로 모자를 통해 온유한 문화를 지녀 왔던 한국에서 최근 한복에 어울리지 않는 챙

일본식 학도모자
국립민속박물관

이 달린 일본식 학생모를 쓰고 활보하는 젊은이들의 모습에서 모자 속에 담겨 있는 정신적 문화유산이 급속히 상실되어 감을 느낀다. 이로 인해 한국인들은 과거의 온유함과는 상반되게 격한 품성으로 치닫고 있다.❺

벤손은 조선의 모자문화로 온유했던 조선인의 품성이 천박한 일본식 학도모자의 영향을 받아 온유한 품성에서 격한 품성으로 바뀌는 것을 안타까워하고 있다. 우리 중, 고등학교 학생들이 학도모자를 쓰고 거리를 활보하던 때가 불과 얼마 전의 일이 아니던가? 일본 군국주의의 잔재인 이 모자는 이런저런 이유로 1980년대 초반까지 질기게도 이 땅을 누비다가 이내 자취를 감췄다.

한편 단발령으로 남정네들의 상투가 잘려 갓이 없어지게 된 것은 그렇다 치더라도, 조선 여인들이 사랑했던 아얌, 남바위와 조바위, 풍차와 같은 곱고 청아한 난모가 모두 사라진 것은 두고두고 아쉬운 일이 아닐 수 없다. 사실 사라진 것들이 어찌 모자뿐이겠는가마는, 합리적이라는 이유 하나로 편리함에 취해 너무 쉽게 버리고, 빨리 잊는 것은 아닌지 돌이켜 생각해 보는 것은 어떨까?

일제강점기 전과 후에 한국을 방문하여 달라진 한국의 모습을 직접 목격했던 한 프랑스 학자는 이렇게 회고했다.

> 한 나라의 문화가 이렇게 빠르게 변질될 수 있을까? 이러한 한국인의 변칙적
> 인 고유성 상실은 이 민족의 장래에 풀어야 할 큰 과제로 남게 될 것이다.[6]

이 프랑스인은 변화의 원인이 모두 한국인 자신의 선택에서 비롯되었다고 주장하지만, 이 의견은 당시 식민지인으로 살아야 하는 한국인의 처지를 간과한 점이 없지 않아 있다.

1884년 의제 개혁과 1895년의 단발령이 연이어 시행되면서 그나마 조선 선비들의 미의식과 자존심을 지킬 수 있었던 갓마저 이 땅에서 사라지기 시작했다. 이제 사람들은 모자를 유교적인 의관의 개념보다 패션으로 인식하기 시작했다. 패션의 작은 도구로 전락한 조선의 갓은, 모자의 나라 조선에 더 머물 곳이 없었다. 사람들이 상투를 틀지 않으므로 상투를 가리던 망건과 탕건, 갓을 쓰는 풍습이 완전히 사라지고 말았다. 망건과 탕건이 없는 곳에 갓은 머물 수가 없었고, 더 머물 이유도 없었다. 누구도 갓을 쓰지 않자 사람들은 갓을 거들떠보지도 않았다. 갓과 조선의 모자는 그렇게 우리의 곁을 떠났다.

❶ 조선왕조실록 고종 21년(1884년) 윤 5월 27일 기사

❷ 조선과 그 이웃 나라들, 이사벨라 버드 비숍, 신복룡 역, 집문당, 2000, p.347 인용

❸ 한국근대사산책, 강준만, 인물과사상사, 2007, 335쪽 재인용

❹ 독립신문 1896 5.26 사설 인용

❺ 파란 눈에 비친 하얀 조선, 백성현 외1인, 새날, 1999, 387쪽 재인용

❻ 위의 책 387쪽 재인용

에필로그

모자 왕국의 귀환

조선인은 모자를 사랑했던 민족이었음이 틀림없다. 그렇지 않고서야 셀 수없이 많은 종류의 모자를 만들어 낼 이유가 없지 않은가? 서양인들이 이미 인정했듯이 조선이 모자 왕국이었음은 누구도 부인할 수 없는 사실이다. 그렇다면 우리가 살아가는 현대 대한민국은 어떨까? 아는 이가 많지 않겠지만, 대한민국은 여전히 독보적인 모자 왕국의 지위를 누리고 있다. 과거와 다른 점이 있다면, 조선 시대에는 이 땅에서 한민족이 만들어 한민족만 쓰던 모자를 이제는 세계인들이 쓰고 있다는 사실이다.

미국인들이 즐겨 쓰는 스포츠 모자는 1980년대 후반 스포츠의 대중화에 힘입어 그 수요가 폭발적으로 증가했다. 이에 힘입어 2000년대 초반까지 미국 스포츠 모자 수요의 거의 절반 이상을 한국의 모자 제조업체가 공급했다. 현재는 중국이 한국보다 공급량이 많지만, 높은 품질과 디자인이 요구되는 고급 모자 시장은 아직도 한국이 석권하고 있다.

세계 모자 시장을 석권하고 있는 한국의 3대 모자 회사인 「영안모자」, 「유풍실업」, 「피앤지 코포레이션」은 그대로 세계 3대 모자 제조업체이다. 이 가운데 「영안모자」는 1980년 우리나라 최초로 미국 스포츠 모자 시장에 진출하여 단번에 세계 1위 업체로 올라섰다. 그 후 이 회사는 미국, 캐나다 및 유럽에 현지 모자 판매 회사를 설립하여 마케팅에 집중함과 동시에 지게차 생산과 상용 버스 제조업에도 진출하여 사세를 키워나가고 있다. 모자 공급량에서 세계 1위인 「유풍실업」은 Flex-Fit이라는 자사의 고유 브랜드로 세계 시장을 선도하고 있다. 가장 후발 주자인 피앤지 코퍼레이션은 미국의 4대 프로 스포츠인 NBA(전미 농구협회), MLB(메이저 리그 베이스 볼), NFL(미국 프로풋볼 리그), NHL(북미프로아이스하키리그)에 속해 있는 130개 구단과, NCAA(미국 대학 스포츠협회)에 소속된 약 300여 개 대학팀에 스포츠 모자를 공급하여 명실공히 이 분야의 선두 공급자이다. 이 업체는 몇 년 전 뉴욕타임스 지에 크게 소개될 만큼 세계 모자업계에 널리 알려져 있다.❶

한국의 모자가 30년 이상 세계 시장을 석권하며 고급 모자의 명성을 누리고 있다. 이런 현상이 지금까지 계속되고 있는 것은 혹시, 과거의 기억들 즉 모자 왕국, 조선에서 있었던 과거의 일들이 한국인에게 집단 유전된 것은 아닐까? 거북선과 현재 한국의 조선업처럼 말이다. 아니면 우연에서 비롯된 것일까? 우연이라고 치자! 그렇더라도 우연은 신이 익명을 유지하는 기술이 아니던가? 이 글을 쓰는 내내 이런 의문이 떠나지 않았다.

역사의 경계 警戒

우리는 많은 역사서를 만난다. 유려한 문장과 해박한 역사 지식으로 가득 찬 책을 만나기도 하고 때로는 고지식하고 답답한 해석에 짜증이 나는 책도 만난다. 그러나 이 두 부류의 책 가운데 어느 책이 역사를 담백하게 기록하고 있는가? 라는 질문은 독서의 난이도와는 전혀 다른 문제이다. 먹기에 좋은 음식이라고 해서 모두 몸에 유익하지는 않다.

역사를 기록하는 사람이 가장 경계해야 할 것은, 자기 연민에 빠져 부지불식간에 자국의 역사를 왜곡하거나 과장하는 점이다. 글쓴이의 은사는 특히 이 점을 말씀하셨다. 역사가의 자기 연민은 곧 역사를 망치는 지름길이다. 역사를 읽는 독자

역시 이 점을 염두에 두어야 한다. 역사가가 행간에 숨긴 의도와 해석에도 유념해야 한다, 글쓴이 역시 이 책을 집필하면서 자기 연민에 젖어 있지는 않은가? 수없이 자문했다.

한 가지 예로 우리나라와 우리 자신을 평가하는 것을 들어보자. 일부 지식인과 사회 지도층 인사들 가운데 대한민국의 정체성에 의문을 가지고 우리 역사에 심한 자조감을 드러내는 이들이 있다. 심지어 우리를 '한이 많은 슬픈 민족' '주변국들에 숱한 시달림만 당한 비참한 민족'이라고 아예 체념하는 이들도 가끔 볼 수 있다. 식민 사학자들이 기름을 부은 결과이다. 야나기 무네요시 柳宗悅 1889~1961 같은 일본 제국주의 미술평론가는 "식민지 조선의 건축, 도예, 민속품은 거의 모두 조선인의 한과 슬픔을 품고 있다. 나는 이것을 애상미 哀傷美라고 정의한다."라고 한술 더 떴다. 정말 그의 말대로일까?

왜 우리는 스스로 '한과 슬픔이 많은 민족'이라 할까? 왜 우리는 스스로 '침략만 당했던 비참한 나라'라는 이미지에 집착할까? 이러한 피해의식 속에서 우리는 침략국에 도덕적 우월감을 가지고 일종의 자기 위안에 젖어 있는 것은 아닐까? 침략이라고 하면 한반도만이 예외적으로 침략을 당해 참혹한 역사를 경험한 것은 아니다. 이웃 나라를 침략하고 이웃 나라에 침략당하는 것은 세계사에서 늘 있는 일이다. 우리만 특별히 예외의 대상이 될 수 없다. 우리나라가 예외적이라면 다른 많은 나라도 예외적으로 참혹하고 비참한 역사를 경험하였다. 폴란드와 아일랜드, 핀란드를 보라!

오히려 한국인의 한과 슬픔의 원인은 밖에서보다 안에서 찾는 것이 순서이다. 그것은 500여 년 동안 이 땅에 뿌리내렸던 양천제라는 조선의 신분제도에서 비롯된 것이 아닐까? 라는 의문부터 시작해 보는 것도 좋은 방법이 될 터이다.

어떤 이는 또 한반도가 대륙 국가와 해양 국가 사이에 낀 샌드위치 신세라 늘

양쪽 세력에 시달려야 하는 지정학의 저주를 받았다고 자조한다. 그렇다면 이탈리아와 이베리아반도에 있는 스페인은 어떤가? 이탈리아는 오히려 주변의 대륙 국가와 해양 국가들에 선진 문화와 문물을 전파했던 강성한 국가였으며 스페인 역시 한때 바다를 제패했던 반도 국가이다. 이탈리아와 스페인은 대륙 세력과 해양세력, 두 세력을 아우르는 반도 국가들이었다. 즉 반도 국가는 대륙으로도, 해양으로도 진출하여 주변 국가를 아우를 수 있다는 사실을 이탈리아와 스페인이 입증했다.

사실 반도라는 단어가 썩 합리적인 단어는 아니다. 육지이면 육지이고 섬이면 섬이지, 절반이 섬이라는 말 자체가 비과학적인 용어인데도 주로 일본 사람들이 한국을 경멸하는 의미로 이를 선호했던 것을 역사에서 알 수 있다. 예를 들어 일본은 일제 강점기 내내 자국을 내지 內地로 자신들은 내지인 內地人으로 불렀고 반면에 한국을 반도로 한국인을 반도인 半島人이라 부르며 멸시했다. 따라서 일본인은 서양인들과 달리 반도라는 보통명사를 자신들의 문화적 열등감을 감추거나, 한국인을 집단 이지메 いじめ하는 용도로 사용하면서 인종 차별의 카타르시스를 즐겼음을 짐작할 수 있다.

책을 닫으며

이 책에서 지금까지 했던 모자 이야기도 그렇다. 한과 슬픔의 민족이라서 모자 왕국을 이룬 것이 아니다. 주변국에 침략만 당했던 비참한 민족이라서 모자를 많이 만들어 썼다는 얘기는 더더구나 아니다. 모자 왕국을 이룰 수 있었던 가장 큰 동력은 이 민족이 지닌 창의력과 고도로 정제된 독창적인 미의식에서 비롯되었음을 누구도 부정할 수 없다. 조선 말에 이 땅을 찾았던 서양인들은 이 점을 잊지 않고 기록하고 있다. 그런데도 우리는 왜 스스로 한 많고 비참한 역사의 민족이라

설날 광화문 앞, 남바위를 쓴 가족
엘리자베스 키스 채색 목판화 「New Year's shopping, Seoul」

하는가? 이 편협하고도 피해망상적인 역사의식을 버리지 않는 한, 우리는 우리 자신을 더욱 비좁은 반도 안에 가두고야 말 것이다. 자신이 잘한 일을 감추는 것은 겸손이지만, 못한 일만 들추어내는 것은 잘못된 역사 인식에서 오는 과공비례이다.

역사에 대한 자기 연민을 두려워하지만, 조선의 모자를 생각하면 애틋한 마음을 주체할 수가 없다. 이 책은 조선 모자의 애틋함에서 비롯되었다. 이 땅에서 갓과 조선의 모자가 사라지게 된 데에는 크든 작든 일본의 공로를 무시할 수가 없다. 세계사 속에서 35년이라는 짧은 기간의 식민지배로 피지배 민족의 문화와 사상, 말과 글, 이름 심지어 복식과 두식 같은 생활 습속까지 깡그리 파헤쳐 놓은 문화적 제노사이드 Zenocide를 저질렀던 나라는 일본 말고는 찾아볼 수 없다.

역사의 장점이자 단점은 한번 흘러가면 원상회복이 불가능하다는 점이다. 그러기에 역사는 우리에게 과거를 통해 미래를 알려주고자 부단히 애를 쓴다. 그런데도 가해자는 가해의 역사를 망각하고, 피해자는 피해의 역사를 잊지 않으려 한다. 한국과 일본의 문제는 여기에 있다.

글쓴이는 집필을 끝내면서 어떤 상념에 젖는다. 어느 겨울날 남바위와 조바위, 아얌과 풍차를 쓴 우리 여인네들이 덕수궁 돌담길 거리를 거닐며 담소하고 호건虎巾[1]과 굴레를 쓴 아이들이 세종로 광장에서 팽이를 치고 공기놀이를 하는 모습을 상상하면 절로 미소가 떠오른다. 상상만 해도 행복하지 않은가?

끝.

❶ 뉴욕타임스 2003 5.28 수요일

───────

1) 어린 사내아이들이 쓰는 것으로 오늘날에는 아기 돌옷의 형태로 남아있다.

<참고 서적>

고요한 아침의 나라 조선, A.H. 새비지 랜도어, 신복룡 역, 집문당, 1999

고요한 아침의 나라, 노르베르트 베버, 박일영, 장정란 공역, 분도, 2012

관모장, 서울특별시, 2019

그해 겨울, 이문열, 둥지, 1995

금단의 나라 조선, E.J. 오페르트, 신복룡 역, 집문당, 2000

내 기억 속의 조선, 조선사람들, 퍼시벌 로웰, 조경철 역, 예담, 2001

대한제국 멸망사, 호머 B. 헐버트, 신복룡 역, 집문당, 1999

문명과 야만, 조현범, 책세상, 2020

문명의 붕괴, 제레드 다이아몬드, 강주헌 역, 김영사, 2017

문명의 충돌, 새뮤얼 헌팅턴, 이희재 역, 김영사, 2005

민영환과 윤치호, 러시아에 가다, 윤경남, 신앙과지성사, 2014

베르메르의 모자, 티머시 브룩, 박인균 역, 추수밭, 2008

사물로 본 조선, 규장각 한국학연구원, 글항아리, 2015

사소절, 이덕무, 이동희 편역, 전통문화연구원, 2013

사회진화론과 식민지 사회사상(한말~일제하), 박성진, 선인, 2003

서양인의 조선살이, 정성화, 로버트 네프 공저, 푸른역사, 2008

서울 풍물지, G.W. 길모어, 신복룡 역, 집문당, 1999

선비의 멋, 갓 도록, 국립대구박물관, 2020

세상을 바꾼 50가지 모자, 홍디자인, 2011

속담 명언 사전, 권천학 편저, 풀잎문학, 1993

슬픈 아일랜드, 박지향, 새물결, 2002

시베리아의 별 이위종, 이승우, 김영사, 2019

양반 가문의 쓴소리, 조성기, 김영사, 2006

얼음의 땅 뜨거운 기억, 하영식, 레디앙미디어, 2010

영국 외교관의 근대 한국 탐방, 윌리엄 칼스, 조용희 역, 한국학 중앙연구원출판
        부, 2019

올드 코리아, 엘리자베스 키스, 엘스펫 키스 로버트슨 스콧 공저, 송영달 역, 책과
        함께, 2020

우리 생활 100년 옷, 고부자, 현암사, 2003

우리 속담사전, 원영섭 엮음, 세창출판사, 1995

운종가 입전 도록, 서울역사박물관, 2020

은자의 나라 한국, W.E. 그리피스, 신복룡 역, 집문당, 1999

전쟁 굶주린 일본 두려운 한국, 이승우, 마인드탭, 2016

조선 비망록, W.F. 샌즈, 신복룡 역, 집문당, 1999

조선 시대 관모 사전, 양진숙, 화산문화, 2005

조선 시대 여인의 멋과 차림새, 박성실외 2인 공저, 단국대학교출판부, 2005

조선의 무기와 갑옷, 민승기, 가람기획, 2004

조선 풍물지, 윌리엄 칼스, 신복룡 역, 집문당, 1999

조선과 그 이웃 나라들, 이사벨라 B. 비숍, 신복룡 역, 집문당, 2000

조선사람 엿보기, 잭 런던, 윤미기 역, 한울, 2011

조선은 왜 무너졌는가, 정병석, 시공사, 2016

조선의 모습, 에밀리 G. 켐프, 신복룡 역, 집문당, 1999

조선조 후기 궁중복식, 김영숙, 신유출판사, 2002

조선총독 10인, 친일문제연구회, 가람기획, 1996

죽어도 나는 양반, 너는 상놈, 이규태, 조선일보사, 2001

지중해 오디세이, 이상옥 역, 민음사, 2007

청장관전서 2, 민족문화추진회, 1979

코스모스, 칼 세이건, 홍승수 역, 사이언스북스, 2017

타타르로 가는 길, 로버트 카플란, 이순호 역, 르네상스, 2003

통영, 명품으로 빛나다, 통영시립박물관, 2015

파란 눈에 비친 하얀 조선, 백성현·이한우 공저, 새날, 1999

파란 눈의 한국혼 호머 B. 헐버트, 김동진, 참좋은친구, 2010

핀란드 역사 : 자유와 독립을 향한 여정, 김수권, 지식공감, 2019

프랑스인의 눈에 비친 한국, 김성택 와 3인 공저, 경북대학교출판부, 2010

한국 근대사를 꿰뚫는 질문 29, 김태웅, 김대호 공저, 북이십일, 2019

한국 근대사 산책 2권, 강준만, 인물과사상사, 2007

한국 복식문화사, 유희경·김문자 공저, 교문사, 1998

한국 복식문화의 흐름, 백영자·최정 공저, 경춘사, 2014

한국 복식문화 사전, 김영숙, 미술문화, 1998

한국 복식미술, 금기숙, 열화당, 1998

한국사 드라마가 되다 1권, 호머 B. 헐버트, 마도경, 문희경 공역, 리베로, 2009

한국의 속담 용례사전, 정종진 엮음, 태학사, 1993

한반도 분단론의 기원과 러일전쟁, 박종효, 선인, 2014

해천추범 : 1896년 민영환의 세계일주, 민영환, 조재곤 편역, 책과함께, 2007

헐버트 조선의 혼을 깨우다, 호머 B. 헐버트, 김동진 역, 참좋은친구, 2016

<참고 논문>

19세기 말-20세기 초 한국 갓의 인식에 관한 연구, 김순영,　2013

18세기 후반 조선의 대청무역 실태와 사상층의 성장 -모자 무역을 중심으로-, 이
　　　철성, 한국사연구 제94권, 1996

사회, 문화적 환경이 모자의 변천에 미친 영향, 김진구, 임선희, 김애련 공저, 2001

서양인이 본 조선 말기 남성 모자, 최재영, 2011

양태 및 갓 공예, 이두현, 정상박 공저, 1965

조선 시대 궁중 두식에 관한 고찰 및 재현 (영왕비 대수를 중심으로), 이성자,
　　　2004

조선 시대 립 笠(흑립)의 조형성에 관한 연구, 박형박, 2005

조선 시대 방한모에 관한 연구, 김성희, 2007

조선 시대 복식금제 고찰, 정현미, 녹우회보, 1987 2월호

조선 시대의 갑주, 박가영, 서울대학교, 2003

조선 시대 적관에 관한 연구, 김지연·홍나영, 2010

조선조 난모에 나타난 조형성 연구, 고금선, 1989

조선조 여인의 난모에 관한 연구, 권영순, 1978

조선조 흑립에 관한 연구, 이은희, 1986

<조선왕조실록 및 승정원일기>

고종 21년 윤 5월 27일 기사

단종 2년 12월 10일 기사

성종 4년 3월 3일 기사

성종 14년 3월 28일 기사

성종 20년 3월 25일 기사

순조 34년 4월 29일 기사

연산군일기 3년 정월 기사

영조 34년 1월 13일 기사

영조 50년 11월 12일 기사

예종 1년 윤이월 3일 기사

정조 12년 10월 3일 5번째 기사

정조 12년 10월 3일 6번째 기사

정조 15년 4월 18일 기사

정조 7년 7월 18일 기사

태종 2년 6월 6일 기사

태종 6년 2월 20일 기사

태종 12년 11월 14일 을미 1번째 기사

승정원일기, 영조 51년 1월 9일 기사

<기타 자료>

https://www.youtube.com/watch?v=vm-KMjYfXcI&t=37s

뉴욕타임즈 2003 5.28 수요일

독립신문 1896 5.26 사설

서울신문 2017 3.27 기사

중앙일보 2019 2.16 인터넷 기사

http://news.joins.com/article/23375772

부록

갓과 관련된 조선 시대의 속담

1. 갓 쓰고 먹으나 지게 지고 먹으나
어떤 일을 할 때 이렇게 하나, 저렇게 하나 마찬가지라는 뜻과 갓 쓴 사람이나 지게 진 사람이나 형편이 같다는 뜻으로도 사용한다.

2. 갓 쓰고 바가지 밥 먹는 소리 한다.
자기 처지에 맞지 않는 소리를 한다.

3. 갓 쓰고 박치기를 해도 제 멋이라
무슨 짓을 하거나 제 뜻대로 하라고 내버려 둔다는 말

4. 갓 쓰고 양복 입기, 갓 쓰고 자전거 타기, 갓 쓰고 장도칼 차기, 갓 쓰고 구두 신기, 갓 쓰고 넥타이 매기,
격에 맞지 않게 행동하는 것을 빗대어 말한다.

5. 저모립[1] 쓰고 물구나무서기
가당치 않은 행동을 조롱하는 말이다.

---

1) 돼지 털을 다져서 만든 무관의 전립

6. 쥐구멍으로 통영갓을 굴려 낼 놈

남을 속이는 데 놀랄 만큼 약삭빠른 사람을 말한다.

7. 갓 쓰다 장 파한다.

꾸물거리다 때를 놓치니 서둘러라

8. 갓 쓰던 대가리에 패랭이라

신세가 처량하게 된 처지를 조롱함

9. 갓 쓰고 망신

점잖은 사람이 뜻밖에 망신을 당함을 이르는 말

10. 갓 자 뒷다리도 모른다.

무식함을 조롱하는 말이다.

11. 갓장이 헌 갓 쓰고 무당 빌어 굿 한다.

제 할 일을 하지 않고 엉뚱한 짓을 하는 것을 말한다.

12. 갓방 인두 달 듯

갓을 만드는 갓방에 언제나 인두가 뜨겁게 달아있듯이 저 혼자 애달아 어쩔
줄 모르는 모양을 비유하는 말

13. 갓 사러 갔다가 망건 산다.

처음 계획했던 일을 제쳐 놓고 다른 일을 하는 것을 말한다. 할 일을 제쳐놓고 허튼짓을 하는 것을 말함이다.

14. 갓 쓰고 똥 싸랴?

- 아무리 급해도 예의는 지켜야 한다는 말
- 아무리 급해도 순서는 밟아야 한다는 말

15. 가난한 상주 방갓 대가리 같다.

사람의 몰골이 볼품없어 보임을 말함

16. 부서진 갓모자 신세

갓이 부서지면 쓸모가 없으니, 사람이 남에게 핀잔을 받거나 무안을 당하였다는 말

17. 오입쟁이 헌 갓 쓰고 똥 누기

못된 놈이 못된 짓을 하는 것을 빗대어 말함이다.

18. 헌 갓 쓰고 똥 누기

체면 세우기는 글렀으니 좀 염치없는 짓을 해도 상관없다는 말

19. 천 냥 부담에 갓모 못 칠까?

천 냥이나 되는 부담금을 주면서 하찮은 갓모를 치지 못할 리가 없다는 뜻으로, 있을 수 있는 일이며 별로 사리에 벗어나지 않는다는 말이다.

20. 갓 쓰고 당나귀 타던 때

아주 옛날 일을 말할 때 쓰는 말

21. 갓 쓰고 망신 당한다.

점잖은 사람이 행실을 잘못하여 비난을 받는다.

22. 사돈네 갓 쓰고 장에 가다.

자기 앞도 가리지 못한 사람이 남의 흉을 보는 것을 조롱하는 말이다.

23. 같잖은 게 갓 쓰고 장보러 간다.

격에 어울리지 않게 행동함을 비웃어 이르는 말

24. 감나무 밑에서 갓 쓰지 말고 외밭에서 신발 동이지 말라

환경과 조건에 따라서 행동을 삼가야 함을 이르는 말

25. 끈 떨어진 갓

사람이나 물건이 아주 못쓰게 되어버렸다는 말

26. 되지 못한 풍잠이 갓 밖에 어른거린다.

좋지도 못한 물건이 흔히 눈에 띄어 번쩍인다는 말

27. 못 먹는 잔치에 갓만 부순다.

아무 이득도 없이 도리어 손해만 보게 됨을 이르는 말

28. 사모에 갓끈

서로 격이 맞지 아니하여 어울리지 않고 어색함을 이르는 말

지은이 | 이승우

펴낸이 | 최병식

펴낸날 | 2023년 1월 3일

펴낸곳 | 주류성출판사

주소 | 서울특별시 서초구 강남대로 435 주류성빌딩 15층

전화 | 02-3481-1024(대표전화) 팩스 | 02-3482-0656

홈페이지 | www.juluesung.co.kr

값 28,000원

ISBN 978-89-6246-492-4 03910